Mauerfall
Friedliche Revolution
1989/90 in Berlin

Eine Publikation der
Kulturprojekte Berlin GmbH
anlässlich „30 Jahre
Friedliche Revolution
– Mauerfall", herausgegeben
von Moritz van Dülmen
und Bjoern Weigel.

h. 2019

→ Die größte Protestdemonstration der DDR-Geschichte auf dem Alexanderplatz, 4.11.1989.

Inhalt

Mauerfall Friedliche Revolution 1989/90 in Berlin

Vor der Einheit kam die Freiheit. Mehr als 30 Jahre sind vergangen, seit die Friedliche Revolution in der DDR begann. Sie führte zum Mauerfall, zum Ende der SED-Diktatur und letztlich zur Vereinigung beider deutscher Staaten. Aus den wenigen Menschen, die 1989 den Mut hatten, gegen eine vermeintlich fest im Sattel sitzende Ein-Parteien-Herrschaft aufzustehen, wurden Massen — nicht die Mehrheit.

Doch diese Massen erreichten in einem beispiellosen Prozess gewaltlos das Ende der SED-Diktatur. Sie zeigten, dass sich das System als solches als unreformierbar erwies. Nicht nur die herrschende Partei und ihre Protagonisten, sondern die gesamte politische und wirtschaftliche Ordnung der DDR waren nicht zu retten. Mutige Ostdeutsche stürzten in der Friedlichen Revolution den gesamten Herrschaftsapparat. Sie ebneten den Weg zur Demokratie in der DDR und schufen damit die entscheidende Voraussetzung für die Deutsche Einheit. Die Friedliche

Revolution war gleichzeitig Teil der ost- und mitteleuropäischen Freiheitsrevolutionen, die das Ende der Blockkonfrontation einläuteten und den Weg frei machten für die Gestaltung eines geeinten Europas. Die weltgeschichtliche Dimension dieser Ereignisse war bis zum Mauerfall — dem Meilenstein der Revolution — so gut wie niemandem bewusst. Gleichwohl war die Überwindung der Mauer noch nicht das Ende der DDR und auch nicht das Ende der Friedlichen Revolution. Dass es der vielfältigen Opposition in den folgenden Monaten gelang, die Staatspartei vollkommen gewaltlos zuerst an den Verhandlungstisch und dann gänzlich in die Knie zu zwingen, ist singulär in der deutschen Geschichte. Ebenso wie der damit einhergehende Weg über die Runden Tische hin zu freien Wahlen im März 1990, mit denen die Revolution ihren Abschluss und der eigentliche Einheitsprozess seinen Anfang nahmen.

Inzwischen haben sich mit zunehmendem zeitlichen Abstand zu den Ereignissen die Betrachtungsweisen und der thematische Fokus verändert: Die aktuelle weltpolitische Situation, in der längst überwunden geglaubte Nationalismen und nationalstaatliche Alleingänge zum Allheilmittel stilisiert werden — und eine breiter werdende Anhängerschaft finden — haben nicht mehr viel mit Schlagworten wie „New World Order", dem „Ende der Geschichte" oder auch nur mit dem Optimismus des Zusammenwachsens zu tun. Ausgeträumt scheint auch die Idee, die liberale Demokratie, die Achtung universeller Menschenrechte und der Kapitalismus westlicher Prägung würden nach 1989 einen weltweiten Siegeszug antreten. Diktaturen und autokratische Herrschaftsformen stellen die Demokratien weltweit und ihre Fürsprecher*innen in den betreffenden Ländern tagtäglich vor schwerwiegende Probleme, während die Menschenrechte — dafür reicht ein Blick in die Nachrichten — mancherorts nicht nur gefährdet, sondern schlicht inexistent sind. Und der Kapitalismus erscheint durch Klimawandel, Flüchtlingsströme und die weltweit wachsende Armut kaum mehr jemandem als Königsweg zu Freiheit und Wohlstand. Ausgeträumt scheint dabei leider auch die Vorstellung von dauerhaftem Frieden, die seit dem Ende des Zweiten Weltkriegs und der anschließenden Teilung in Ost und West ein wesentlicher Antrieb für das Handeln der Politiker*innen und Bürger*innen gewesen ist.

Wir feiern, gedenken und erinnern zum 30. Jubiläum des Mauerfalls, weil er das weltgeschichtlich bedeutendste Ereignis der jüngeren Berliner, deutschen und europäischen Geschichte war. Weil der Sieg der Friedlichen Revolution über das SED-Regime der entscheidende Schritt auf dem Weg zur Demokratie war, die entscheidende Bedingung für die Deutsche Einheit und letztlich einer der entscheidenden Bausteine auf dem Weg zu einem Zusammenwachsen Europas. Es ist wichtig, an den Mut der Menschen zu erinnern, die für Demokratie und Menschenrechte auf die Straße gingen, die gegen Diktatur, Mauer und Stasi aufstanden und für den Erhalt der Umwelt kämpften. Es ist ebenso wichtig daran zu erinnern, dass es über die gesamte Zeit der Diktatur immer wieder Menschen gab, die sich für demokratische Rechte und Freiheiten einsetzten. Und schließlich ist es Anlass dafür, den Opfern von Mauer und SED-Herrschaft zu gedenken. Dass in den 30 Jahren seit dem Mauerfall nicht alle Hoffnungen in Erfüllung gingen und manches Ziel nicht erreicht wurde, dass es weiter Herausforderungen gibt, denen man sich stellen muss, und dass die Freiheit nicht allen Menschen dauerhaften Wohlstand bescherte, bereitet uns heute Sorgen. Vor deren Hintergrund erscheinen die Ereignisse von 1989/90 in einem anderen — und oft genug weniger positiven — Licht als damals. Doch vor 30 Jahren wurden die besten Voraussetzungen geschaffen, die es jemals gab, um Deutschland zu gestalten. Im Gegensatz zur SED-Diktatur können wir heute offen und kritisch über Gegenwart und Zukunft streiten und gemeinsam an den Herausforderungen unserer Zeit arbeiten. Deshalb ist es umso wichtiger, den Blick dafür zu schärfen, dass die Freiheit Grundbedingung hierfür ist. Diese Freiheit wurde 1989/90 erkämpft und die Erinnerung daran verweist auf das bleibende Vermächtnis der Friedlichen Revolution. Nicht aus Nostalgie, sondern für unsere Zukunft.

Die Friedliche Revolution in der DDR hat für Berlin noch eine weitreichendere Bedeutung als für jeden anderen Ort in Deutschland. Die Berliner*innen erlebten alles hautnah. Hier verbanden sich städtische Aufgaben, die nach 28 Jahren Teilung bisweilen herkulische Dimensionen annahmen, mit denen der künftigen Hauptstadt und denen eines Bundeslandes, das Berlin erstmals am 3. Oktober 1990 werden sollte. Daher werden Phasen der Friedlichen Revolution — die Formierung der Opposition, die Revolution auf der Straße, der Mauerfall, das Bild des Westens, der Beginn der Aufarbeitung, der Weg zur Demokratie und schließlich die Aneignung der wiedervereinigten Stadt — symbolisch an sieben Orten in Berlin festgemacht, an denen sich die historischen Ereignisse besonders deutlich herauskristallisieren.

Ergänzend zu den Orten ziehen vier Essays — allesamt Originalbeiträge für diese Publikation — Bilanz: Ilko-Sascha Kowalczuk schärft den Blick dafür, warum kritische Opposition in jedem Staat dringend notwendig ist und was sie bewirken kann. Gerhard Sälter geht der Frage nach, was die Mauer für die Welt bedeutete und was eine Welt ohne Mauern bedeuten würde, während Roland Jahn im Campus für Demokratie die Chance sieht, vom Ort des Beginns der Aufarbeitung aus Verständnis für unsere Gegenwart zu entwickeln. Schließlich zeigt Tom Sello abschließend das Erbe und Vermächtnis der Friedlichen Revolution — und was sie für unsere Gesellschaft heute bedeutend macht. Nach wie vor sind die Friedliche Revolution, der Mauerfall und das Ende der DDR Themen, die starke Emotionen hervorrufen. Historische und politikwissenschaftliche Forschung werden daher von Berichten verschiedener Zeitzeug*innen begleitet, deren ebenso persönliche wie heterogene Ansichten jedes einzelne Kapitel des Buches bereichern. „Mauerfall. Friedliche Revolution 1989/90 in Berlin" ist somit kein rein historisches Buch, sondern wirft bewusst einen Blick ins Heute. Geschichte beleuchten — Geschichten erzählen ist das Konzept dieses Buches und der Open-Air-Ausstellungen, die ihm zugrunde lagen. Die Darstellung und Analyse historischer Sachverhalte werden somit stets vor dem Hintergrund reflektiert, wie wir heute mit ihnen umgehen können.

Dieses Buch versammelt Beiträge der Open-Air-Ausstellungen der Festivalwoche zum 30. Jubiläum der Friedlichen Revolution und des Mauerfalls. Deren reichhaltiges Programm — angefangen von der fliegenden Kunstinstallation am Brandenburger Tor, auf der die Botschaften, Wünsche, Träume und Hoffnungen vieler Tausend Menschen in den Himmel über Berlin stiegen, bis hin zu der einmaligen Konzertreihe mit Patti Smith, Fehlfarben und anderen Highlights — lässt sich schlecht in einem Buch einfangen. Ganz wie 1989 gilt auch hier: Die Emotionen des selbst Erlebten sind es, die unvergesslich bleiben. Wir danken für die konstruktive Begleitung und Unterstützung des Projektes insbesondere Frank Ebert von der Robert-Havemann-Gesellschaft, dem Berliner Beauftragten für die Aufarbeitung der SED-Diktatur Tom Sello und seinen Mitarbeiter*innen sowie dem Direktor der Stiftung Berliner Mauer, Prof. Dr. Axel Klausmeier. Ihre Beiträge zum Gelingen des 30. Jubiläums sind gar nicht hoch genug einzuschätzen. Ebenso geht unser Dank an die Senatsverwaltung für Kultur und Europa, insbesondere Dr. Klaus Lederer und Dr. Torsten Wöhlert, die das Jubiläum politisch unterstützt und auf vielen Ebenen vorangetrieben haben.

Jeder Mensch, der 1989 den Mauerfall miterlebte, wird diesen Tag nie vergessen. Auf die Frage, wo sie am 9. November 1989 gewesen sind, wissen alle, die ihn bewusst erlebt haben, eine Antwort. Genau deshalb wurde das 30. Jubiläum mit einer Festivalwoche voll von unvergesslichen Erlebnissen gefeiert — zum Dabeisein und Mitmachen. Und zwar nicht mehr, weil wir uns diese Freiheit erkämpfen müssen. Sondern weil wir sie feiern können!

1 Gethsemanekirche / Zionskirche

Gethsemanekirche/ Zionskirche Formierung der Opposition

Anfang Oktober 1989 wurde die Gethsemanekirche zu einem Brennpunkt der Revolution in Ost-Berlin. Ein Kontakttelefon übernahm die Aufgaben einer Nachrichtenagentur, ab dem 2. Oktober organisierten Berliner Oppositionsgruppen eine Mahnwache. Ziel war die Freilassung von in Leipzig inhaftierten Demonstrant*innen. Zu Informationsveranstaltungen kamen Tausende Menschen.

Am 7. Oktober 1989 feierte die SED-Führung mit internationalen Gästen im Palast der Republik den 40. Geburtstag der DDR. Doch die offiziellen Feierlichkeiten verliefen nicht ungestört. In mehreren Städten demonstrierten Tausende für demokratische Reformen. Die Demonstrant*innen riefen „Wir bleiben hier!", „Keine Gewalt!" und „Wir sind das Volk!". Sie forderten die Zulassung der neuen Bewegungen und Parteien. Das SED-Regime reagierte mit großer Brutalität: In mehreren Städten knüppelten bewaffnete Einheiten auf Protestierende ein. Viele Menschen wurden verletzt, zahlreiche inhaftiert. Aber die Bevölkerung ließ sich nicht mehr so einschüchtern wie in der Vergangenheit.

Ebenfalls zentral für die Formierung der Opposition in der DDR war die Zionskirche. In den Räumen ihrer Gemeinde entstand die Umwelt-Bibliothek (UB), wo seit 1986 Informationsmaterial über oppositionelle Aktivitäten, verbotene Bücher, Untergrundschriften und Fachliteratur zugänglich gemacht wurden. Außerdem wurden hier die Umweltblätter gedruckt, eine der wichtigsten systemkritischen Zeitschriften der DDR.

→ Abb. 1: Mahnwache an der Gethsemanekirche, Anfang Oktober 1989.

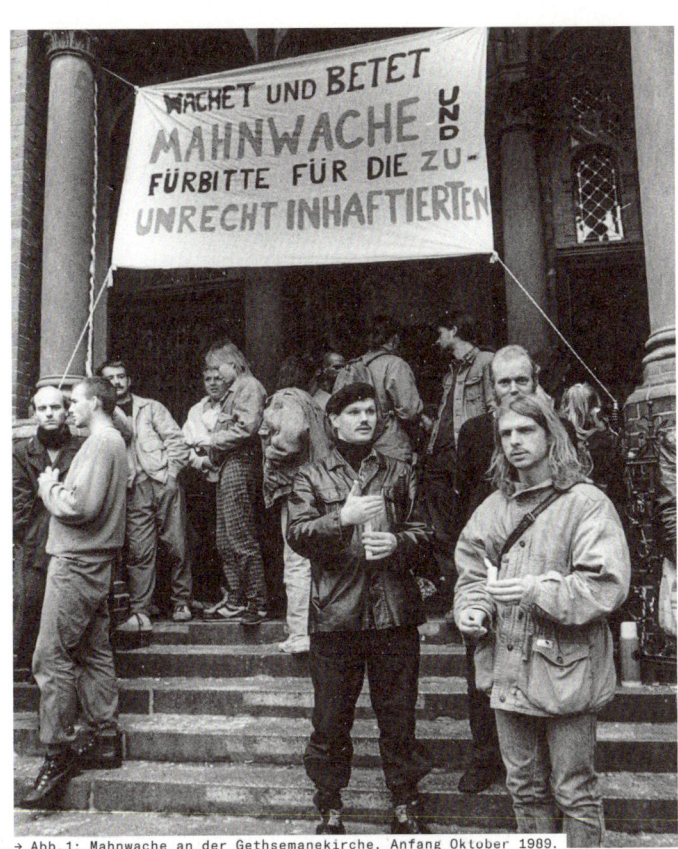

„Zur ersten ‚Mahnwache und Fürbitte für die zu Unrecht Inhaftierten' waren am 1. Oktober 1989 etwa 30 Leute da. Ich habe improvisiert, ein bisschen was gesagt. Am nächsten Tag waren schon 300 da. Ab dem 4. Oktober war die Kirche jeden Abend überfüllt, ungefähr 3.000 Leute. In den Andachten gab es einen geistlichen Teil, einen Bibeltext mit kurzer, situationsbezogener Auslegung und ein Fürbitte-Gebet. Der zweite Teil war der Informationsteil mit einem offenen Mikrofon. Da konnte jeder erzählen, was er erlebt hat."

→ Bernd Albani, *1944, Pfarrer der Gethsemanekirche, aktiv in der Oppositionsbewegung

→ Abb. 2: Fürbittandacht in der Gethsemanekirche am 9.10.1989.

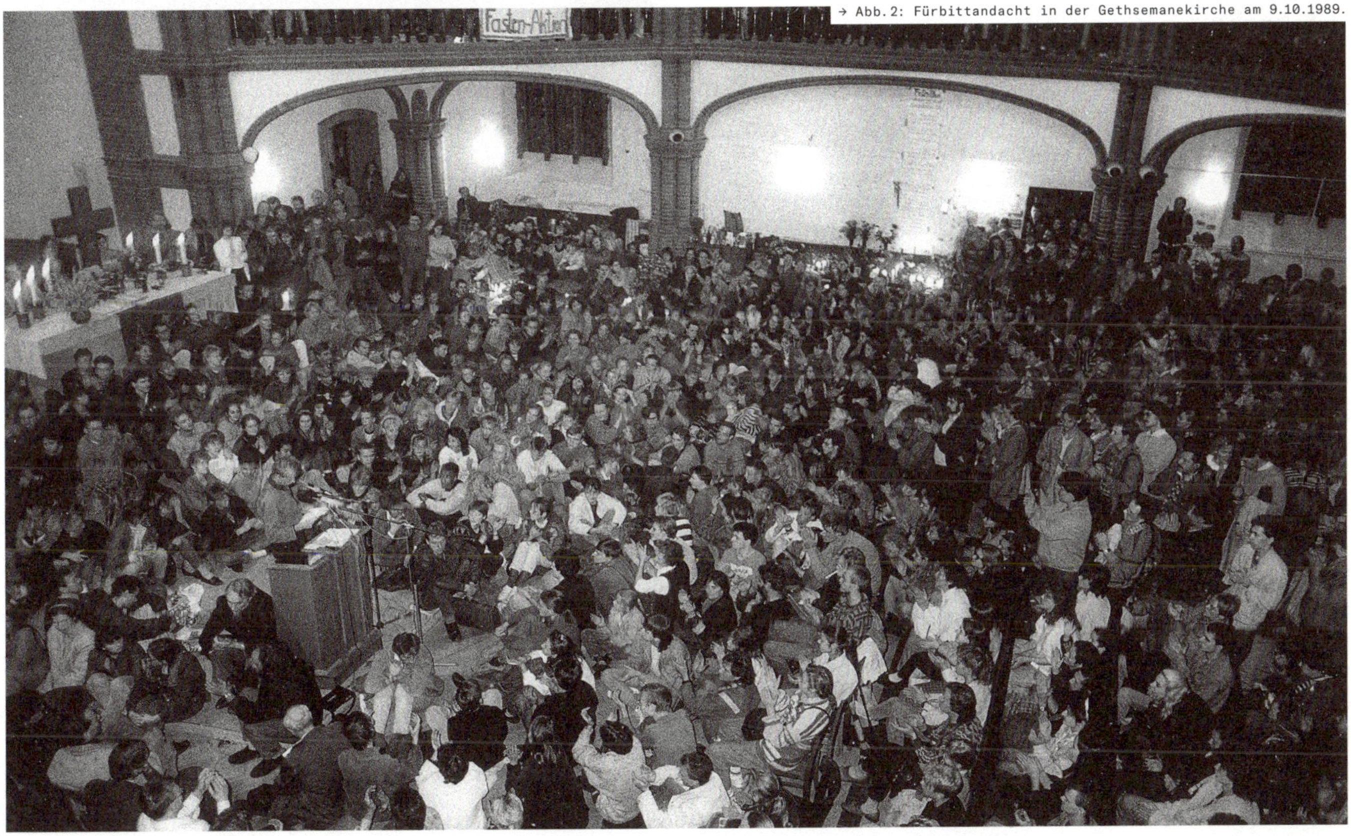

→ Abb. 1: Blick in die Ost-Berliner Gethsemanekirche während der Mahnwachen, 4.10.1989.

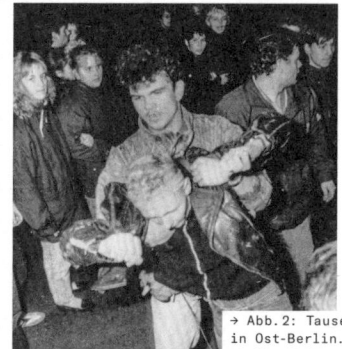

→ Abb. 2: Tausende protestieren am Abend des 7.10.1989 in Ost-Berlin. Die SED-Führung lässt uniformierte und zivile Kräfte aufmarschieren, die – wie hier an der Dimitroffstraße / Ecke Prenzlauer Allee – rücksichtslos gegen die Demonstrant*innen vorgehen.

→ Abb. 3: Klaus Kupler am Kontakttelefon der Gethsemanekirche, 12.10.1989. Hier laufen wichtige Informationen über Aktivitäten der oppositionellen Gruppen zusammen. Sonstige Kommunikationswege sind stark beschränkt oder nicht vorhanden. Über einen Telefonanschluss etwa verfügen nur die wenigsten Privathaushalte.

→ Abb. 4: Die Informationen, die unter anderem über das Kontakttelefon im Büro des Gemeindehauses der Gethsemanekirche zusammenlaufen, interessieren nicht nur Oppositionelle. Auch Vertreter*innen der Westmedien, die oft nur in Ost-Berlin arbeiten dürfen, greifen auf die hier gesammelten Nachrichten aus der ganzen DDR zurück. Hier zu sehen: ein Filmteam vor der Kirche am 8.10.1989.

→ Abb. 5: „Wir wollen keine Gewalt! Wir wollen Veränderungen!" ist auf einem Transparent zu lesen, das Demonstrant*innen bei der Montagsdemonstration am 9.10.1989 in Leipzig mit sich führen. Etwa 70.000 Menschen nehmen an dem Protestmarsch teil. Die Staatsmacht greift nicht, wie von vielen Seiten befürchtet, mit Gewalt ein. Als diese Nachricht über das Kontakttelefon die Gethsemanekirche erreicht, ist die Erleichterung groß.

Die Mahnwachen an der Gethsemanekirche

„Freiheit für die politisch Inhaftierten": Deutlicher als auf diesem gut sichtbaren Transparent an der Gethsemanekirche konnte der Protest einiger mutiger Bürger*innen gegen das SED-Regime kaum sein. Ab dem 2. Oktober fanden vor der Gethsemanekirche Mahnwachen für die Freilassung festgenommener Demonstrant*innen statt, die mit Einwilligung des Pfarrers Werner Widrat von den oppositionellen Gruppen Friedenskreis Weißensee, der Umwelt-Bibliothek und der Kirche von Unten organisiert wurden. Auf Druck des Rats des Stadtbezirks Prenzlauer Berg, Abteilung Inneres, musste die ursprüngliche Forderung allerdings geändert werden, fortan war „Wachet und betet. Mahnwache und Fürbitte für die zu Unrecht Inhaftierten" über dem Kircheneingang zu lesen — ein Kompromiss.

Die Mahnwache erfolgte als Protest gegen Verhaftungen während der Montagsdemonstrationen in Leipzig. Über die Entwicklungen dort waren die Aktivist*innen der Gethsemanekirche mithilfe eines Kontakttelefons umfassend informiert. Besonders spitzte sich die Situation am 7. Oktober 1989 zu, dem 40. Jahrestag der DDR. In Berlin protestierten einige Oppositionelle immer am Siebten eines Monats gegen die Wahlfälschungen vom 7. Mai 1989. Auch am 7. Oktober versammelten sich auf dem Alexanderplatz wieder Protestierende. Dieses Mal zogen tausende Menschen zum Palast der Republik, wo die offiziellen Feierlichkeiten zum Jubiläum stattfanden. Als der Protestzug in Richtung Prenzlauer Berg aufbrach, traf er am Gebäude der staatlichen Nachrichtenagentur ADN zwischen Karl-Liebknecht-Straße und Mollstraße auf Polizei und Staatssicherheit, die äußerst brutal gegen die Demonstrierenden vorgingen und zahlreiche Personen festnahmen. Auch die Gethsemanekirche wurde am 7. Oktober 1989 von Sicherheitskräften abgeriegelt und die Demonstrant*innen eingekesselt. Friedlich Protestierende, die sich für Pressefreiheit, Meinungsfreiheit und Gewaltlosigkeit einsetzten, wurden auseinandergetrieben und inhaftiert.

Am folgenden Tag wurde in der Gethsemanekirche zu einer Fürbittenandacht und zu einer Fastenaktion aufgerufen, um auf das Unrecht aufmerksam zu machen. Einige Teilnehmer*innen wurden nach Verlassen des Kirchengeländes verprügelt und festgenommen. Anita Krätzner-Ebert

4484235 — Kontakttelefon

Am Abend des 9. Oktober 1989 kam der ersehnte Anruf aus Leipzig: Die dortige Massendemonstration war friedlich geblieben, die zahlreich aufmarschierten Sicherheitskräfte hatten nicht eingegriffen. In der Kirche wurde die Nachricht während der Informations- und Fürbittenandacht bekannt gegeben. Die Erleichterung war riesig. Der Hausmeister läutete daraufhin die Kirchenglocken. Die seit Anfang September regelmäßig montags stattfindenden Demonstrationen in Leipzig waren in den letzten Wochen stetig gewachsen, es wurde ein gewaltsames Vorgehen dagegen befürchtet. Angesichts der enormen Zahl von etwa 70.000 Demonstrant*innen hielten sich die Einsatzkräfte zurück — ein entscheidender Wendepunkt.

Entgegengenommen wurde der Anruf in den Gemeinderäumen der Gethsemanekirche, hier stand das wichtige Kontakttelefon, das Oppositionelle für eine bessere Vernetzung der Oppositionsgruppen und als Informationsmittelpunkt eingerichtet hatten. Nach den staatlichen Gewaltmaßnahmen gegen die Umwelt-Bibliothek, einem wichtigen Treffpunkt für Oppositionelle in Berlin, zwei Jahre zuvor wurde das erste Mal ein solches Kontakttelefon in einem Büro der Zions-kirchgemeinde eingerichtet, um Informationen zentral empfangen und sammeln zu können.

Nachdem es seit Februar 1988 keine geeignete Telefonverbindung mehr gegeben hatte, bemühte sich die Oppositionelle Marianne Birthler mit einigen Mitstreiter*innen fast ein ganzes Jahr lang um einen neuen Ort für das Kontakt-telefon, konnte aber zunächst keine Einrichtung finden, die ihr Ansinnen unter-stützte. Schließlich konnte das Telefon der Gethsemanegemeinde ab Februar 1989 mitgenutzt werden. Zunächst durfte die Gruppe dies nur zweimal wöchent-lich von 18 bis 22 Uhr benutzen. Allerdings sprach sich die Telefonnummer 4484235 schnell in der Oppositionsszene der gesamten DDR herum, so war es bald fast rund um die Uhr in Beschlag genommen. Dass die Telefonate von der Staatssicherheit abgehört wurden, nahmen die Beteiligten in Kauf, wichtige Nachrichten wurden persönlich überbracht. Das Telefon stand in einem Neben-raum des Gemeindehauses, nur ein paar Schritte vom Seiteneingang der Gethse-manekirche entfernt. Anita Krätzner-Ebert

→ Abb. 1: Der Blick aus der Kirche: Die Aktivitäten der Oppositionellen dort stehen unter ständiger Beobachtung der Volkspolizei und der Staatssicherheit.

"1987 hat die Stasi in einer Nacht die Umweltbibliothek überfallen. Dort wurden die Umweltblätter gedruckt, mit dem Vermerk ,Zum innerkirchlichen Dienstgebrauch' als Schutz vor Zensur und Strafverfahren. Allerdings wurde hier auch der ,Grenzfall' gedruckt, mit Informationen rund um Frieden und Menschenrechte. Die Stasi versuchte, Mitarbeiter auf frischer Tat zu ertappen, was nicht gelang. Trotzdem wurden mehrere verhaftet. Wir haben Mahnwachen organisiert, und es hat uns sehr viel Hoffnung gemacht, dass aus der ganzen Republik Eingaben geschrieben wurden. Aus West-Berlin gab es Unterstützung durch die Presse. Innerhalb von drei Tagen waren die Mitarbeiter wieder frei."

→ Matthias Voigt, *1962, Bürgerrechtler und Umweltaktivist

→ Abb. 2: DDR-Bürger*innen informieren mit Flugblättern über die Mahnwachen und andere Aktivitäten am 4.10.1989 vor der Gethsemanekirche in Ost-Berlin. Dass die Gethsemanekirche Anfang Oktober 1989 zum Informations- und Medienzentrum wird, ist Planung und Zufall geschuldet. Die Mahnwachen erzeugen Öffentlichkeit und ziehen viele Menschen an. Über das Kontakttelefon und persönlichen Austausch werden Nachrichten aus dem ganzen Land gesammelt, die dann über Informationsveranstaltungen, Flugblätter und Untergrundschriften verbreitet werden.

Medien- und Informationszentrum

In den späten 1980er-Jahren schafften es die Bürgerrechts- und Oppositionsgruppen, nicht zuletzt auch durch das Kontakttelefon und durch kursierende Flugblätter sowie Untergrundschriften, sich zunehmend besser zu vernetzen und damit ein Gegengewicht zum staatlichen Informationsmonopol zu schaffen. Durch effektive Informationswege hatten die Bürgerrechtler*innen in Berlin von den Verhaftungen und Aktionen in Leipzig, Dresden oder anderen Städten und Bezirken in der DDR Kenntnis, sammelten und veröffentlichten die Neuigkeiten. Eine verstärkte Überwachung durch die Staatssicherheit nahmen sie hierfür in Kauf. Medienvertreter*innen der Bundesrepublik suchten oft zentrale und bekannte Orte wie die Gethsemanekirche auf, um sich über die Arbeit der Oppositionsgruppen zu informieren. Bürgerrechtler*innen stellten hier die sich neu gründenden Vereinigungen vor, etwa das „Neue Forum" oder „Demokratie Jetzt".

Während der Berichterstattung zum 40. Gründungsjubiläum der DDR am 7. Oktober 1989, an dem es Massenproteste und zahlreiche Festnahmen gab, fanden die ausländischen Nachrichtenagenturen in der Gethsemanekirche ein gut funktionierendes Netzwerk vor. Es wurden Erklärungen von Künstler*innen, Initiativen, Gewerkschaften und Berichte über andere Aktionen von Bürgerrechtler*innen gesammelt und Kontaktadressen auf Zetteln und Flugblättern in der Kirche veröffentlicht. Auch Oppositionelle aus anderen Orten der DDR suchten die Gethsemanekirche auf und nahmen die Informationen von dort mit, um sie weiterzuverbreiten. Hunderte Menschen kamen auf der Suche nach Hinweisen über ihre verhafteten Freund*innen und Angehörigen in die Gemeinde.

→ Abb.1: Wolfgang Rüddenklau, einer der Mitbegründer der Umwelt-Bibliothek, in den Räumen der oppositionellen Gruppe im Gemeindehaus der Zionskirche, 25.06.1987. ◣

Die Mitstreiter*innen in der Gethsemanekirche sammelten zudem Gedächtnis-protokolle der Inhaftierten der Oktobertage. Die Festgenommenen berichteten darin über die Gewalt, die ihnen widerfahren war. Diese Aufzeichnungen wurden über Flugblätter veröffentlicht. Am 23. Oktober 1989 wurde auf einer Pressekonferenz die 100-seitige Dokumentation der Protokolle dem Vizestaatsanwalt von Ost-Berlin übergeben, was zur Einrichtung einer Untersuchungskommission im November 1989 führte. Anita Krätzner-Ebert

Aktion „Falle"

Einer der wichtigsten Treffpunkte für Oppositionelle und Menschen, die dem SED-Regime kritisch gegenüberstanden, war die Ost-Berliner Umwelt-Bibliothek (UB) in den Räumen der Zionskirchgemeinde. Seit 1986 wurde hier Informations-material über oppositionelle Aktivitäten, verbotene Bücher, Untergrundschriften und Fachliteratur zugänglich gemacht. Eine kleine Galerie zeigte kritische Kunst und es gab Konzerte und Lesungen. Es wurde diskutiert, sich ausgetauscht und auch gefeiert. Außerdem wurden hier die Umweltblätter gedruckt, eine der wichtigsten systemkritischen Zeitschriften der DDR. Ausgewiesen als „nur zum innerkirchlichen Gebrauch", hatte sie einen halblegalen Status und unterlag nur eingeschränkt der staatlichen Zensur, was den Unmut der Staatsführung über das Medium nur steigerte.

    In der Nacht vom 24. auf den 25. November 1987 stürmten Mitarbeiter von Stasi und Generalstaatsanwaltschaft in die Räume der UB, beschlagnahmten

Vervielfältigungsgeräte sowie Schriftstücke und nahmen alle Anwesenden fest — darunter einen 14-Jährigen. Die Aktion mit dem Decknamen „Falle" zielte jedoch nicht nur auf die Umweltblätter oder die UB selbst, sondern auf die Macher*innen der illegalen Untergrundschrift „grenzfall", die auf frischer Tat, also beim Druck, erwischt werden sollten. Das misslang: Gedruckt wurden in dieser Nacht lediglich die halblegalen Umweltblätter. Der Schlag gegen die UB als Oppositionszentrum ging damit nicht nur daneben, sondern bewirkte schließlich das Gegenteil.

Schon am Morgen nach dem Überfall waren westdeutsche Medien über die Aktion informiert und vor Ort. Für die Freilassung der Inhaftierten wurde an der Zionskirche eine Mahnwache organisiert. Es kam zu landesweiten und internationalen Protesten und vielfältigen Solidaritätsbekundungen — auch aus der eigenen Bevölkerung. Das SED-Regime sah sich gezwungen, die Inhaftierten wieder freizulassen. Dieses Einlenken stärkte nicht nur das Selbstbewusstsein der Opposition. Mit dem Konzept der Mahnwache und der Schaffung einer kritischen Öffentlichkeit, vor allem über die Westmedien, waren wirksame Mittel gegen die staatliche Repression gefunden. Henning Wellmann

→ Gethsemanekirche/Zionskirche / Formierung der Opposition

→ Abb. 2: Protestversammlung in der Zionskirche am 27.11.1987 gegen die Verhaftung von Mitgliedern der Umwelt-Bibliothek im Zuge der Aktion „Falle".

→ Abb. 3: Blick auf die Ost-Berliner Zionskirche, 25.11.1987. Der mutige Pfarrer Hans Simon stellt der Umwelt-Bibliothek Berlin den Keller des Pfarrhauses zur Verfügung. Die Gemeinde bietet den Oppositionellen Schutz.

Feier und Protest — 40 Jahre DDR

Am 7. Oktober 1989 fand zum 40. Geburtstag der DDR ein großer Festakt im Palast der Republik statt, zu dem Staats- und Parteichef Erich Honecker geladen hatte. Der staatliche kommunistische Jugendverband Freie Deutsche Jugend (FDJ) gratulierte am Vorabend mit einem Fackelzug, das Militär präsentierte sich mit einer großen Parade. Besonderer Ehrengast war der sowjetische Generalsekretär Michail Gorbatschow, außerdem waren weitere hochrangige internationale Gäste anwesend, etwa der Präsident Nicaraguas, Daniel Ortega, der polnische Staatspräsident Wojciech Jaruzelski und Nicolae Ceaușescu, Präsident von Rumänien.

Doch die offiziellen Feierlichkeiten verliefen nicht ungestört. In einer Stimmung zunehmender Unzufriedenheit und wachsenden Widerstands demonstrierten im ganzen Land Tausende öffentlich für demokratische Reformen, etwa in Ost-Berlin, Leipzig, Plauen und Jena. Staatliche Sicherheitskräfte marschierten auf. Die Demonstrant*innen riefen „Wir bleiben hier!" und „Keine Gewalt!". Sie forderten außerdem die Zulassung neuer Bewegungen und Parteien.

Das SED-Regime reagierte mit großer Brutalität. In mehreren Städten knüppelten bewaffnete Einheiten auf Demonstrant*innen ein. Viele wurden dabei verletzt, zahlreiche Menschen festgenommen.

In Ost-Berlin wurde die protestierende Menge vom Palast der Republik zurückgedrängt, strömte nun in Richtung Norden zur Gethsemanekirche im Prenzlauer Berg, wo die Mahnwache der Opposition stattfand. Abseits der offiziellen Feierlichkeiten gab es für den Staat keinen Grund mehr, den Schein zu wahren. Mehrere Hundert Menschen wurden in Ost-Berlin festgenommen und zum Teil schwer misshandelt, darunter auch Frauen und Jugendliche.

Die westlichen Medienvertreter*innen, die zur Berichterstattung über die offiziellen Feierlichkeiten einreisen durften, dokumentierten das gewalttätige Vorgehen der Einsatzkräfte. Ihre Bilder und Berichte gingen in den nächsten Tagen um die Welt. In der Gethsemanekirche wurden in den Tagen darauf Gedächtnisprotokolle zur Dokumentation der brutalen Übergriffe angefertigt. Caroline Sperl

Kirche von Unten — Kirche von Oben

Sozialismus und Religion waren für die SED schwer miteinander vereinbar, weshalb seit der Staatsgründung versucht wurde, den Einfluss der Kirchen zu beschränken. Angesichts einer Bevölkerung, die 1949 noch zu 92 Prozent christlich war, gelang das allerdings nicht so einfach. Vor allem aufgrund dieses Rückhalts und des großen Einflusses der Kirche war die Staatsführung immer wieder zu Kompromissen gezwungen: Die Kirche behielt trotz Einschränkungen und Repressionen eine vom Staat unabhängige, landesweite Organisationsstruktur. Der Preis dafür war das prinzipielle Akzeptieren der Diktatur.

Im Laufe der 1980er-Jahre geriet diese Form der politischen Zurückhaltung immer mehr in die Kritik — auch intern. Zu einer für die Friedliche Revolution wichtigen Entwicklung kam es im Vorfeld des Kirchentages 1987 in Berlin. Als Gegenleistung für die Genehmigung der Veranstaltung forderte die SED-Spitze eine stärkere Distanzierung der Kirchen von den wachsenden politischen Gruppen unter ihrem Dach. Die Kirchenleitung folgte dem Wunsch, woraufhin Basisgruppen einen „Kirchentag von Unten" als kritische Parallelveranstaltung organisierten. Mit etwa 6.000 Menschen wurde das Treffen in der Berliner Pfingstkirche, bei dem über zahlreiche kritische Themen informiert und diskutiert wurde, zu einem großen Erfolg.

Die Organisator*innen entschlossen sich daraufhin, mit der Gründung der „Kirche von Unten" (KvU) einen dauerhaften Zusammenschluss zu schaffen, der fortan eine wichtige Rolle in der Berliner Oppositionsbewegung spielte — so waren Mitglieder der KvU im Mai 1989 an der Aufdeckung der Wahlfälschung beteiligt sowie Anfang Oktober an der Mahnwache vor der Gethsemanekirche.

Ob sich Kirchen offen zeigten für politisches Engagement, hing oft von der Haltung einzelner Pfarrer*innen, Kirchenmitarbeiter*innen und Gemeinderäte ab. Nicht selten kam es hier zu Konflikten mit der Leitungsebene. Dort, wo Räume zur Verfügung gestellt wurden, entwickelten sich diese häufig zu entscheidenden Zentren der oppositionellen Organisation und Kommunikation. Henning Wellmann

→ Abb. 1: Auf dem Alexanderplatz formiert sich am 7.10.1989 ein Demonstrationszug Richtung Palast der Republik, wo gerade die Feierlichkeiten zum 40-jährigen Bestehen der DDR stattfinden.

→ Abb. 2: Am Palast der Republik treffen Demonstrant*innen auf Polizeiketten, die die offiziellen Feierlichkeiten dort schützen sollen, 7.10.1989.

40 JAHRE DDR

→ Abb. 3: Ehrentribüne während der Parade zum 40. Jahrestag der DDR in der Karl-Marx-Allee in Ost-Berlin, 7.10.1989.

→ Abb. 4: Auch bei der offiziellen Abschlussveranstaltung des Kirchentags in Berlin im Fußballstadion in Köpenick machen Teilnehmer*innen des gleichzeitig stattfindenden „Kirchentags von Unten" ihre Kritik öffentlich, 28.06.1987.

→ Abb. 5: Nicht nur politischen Gruppen bieten einzelne Kirchen Räume an. Auch Jugendliche, die mit dem staatlich durchorganisierten Freizeitangebot nichts anfangen können, finden oft in kirchlichen Räumen eine Zuflucht. Hier: Ein Punkkonzert im Gemeindesaal einer Ost-Berliner Kirche am 1.02.1986.

Jugend als Problem

Die Menschen, die Anfang Oktober 1989 die Mahnwache vor der Gethsemane-kirche initiierten, verbanden nicht nur ihre kritische Haltung und ihr Mut zu politischem Engagement. Sie teilten auch etwas anderes: Sie waren überwiegend jung. Und das war kein Zufall.

In der SED-Ideologie gab es nur eine akzeptierte Version von Jugend: vom Kommunismus begeisterte junge Menschen, die die Zukunft der DDR sichern und zur Not auch nach innen und außen verteidigen. Jugendliche unterlagen daher in der DDR einer umfassenden Ideologisierung und sozialen Kontrolle. Vom Kindesalter an waren ihre Lebenswege staatlichem Zugriff ausgesetzt: Kinderbetreuung, Schulen und Hochschulen, Jugendorganisationen und Massenvereinigungen genauso wie die Betriebe standen unter der Kontrolle der Partei. Alternativen zu diesen vorgezeichneten Biographien waren ebenso wenig vorgesehen wie Raum für freie Entfaltung und Entwicklung.

Besonderen Wert legte die SED ab den 1970er-Jahren auf die vormilitärische Ausbildung. Für die SED-konforme Erziehung war die staatliche Jugendorganisation FDJ (Freie Deutsche Jugend) zuständig. Die meisten Heranwachsenden/ Jugendlichen hatten jedoch andere Interessen und wollten ihr Leben eigenständig gestalten. Zunehmend entzog sich die junge Generation der ideologischen Bevormundung.

Es entwickelten sich verschiedene alternative Jugendkulturen. Sie orientierten sich in Musik und Kleidung an westlichen Strömungen und am freiheitlichen

→ Abb. 1: Eine besonders auffällige Abkehr von der Normvorstellung vollziehen Punks. Schon allein ihre schrille Aufmachung signalisiert Protest, weswegen sie besonders häufig von Repressionen betroffen sind. Hier zu sehen: Punks in Ost-Berlin 1984.

→ Abb. 2: Streng organisiert, geordnet und systemkonform: Wäre es nach dem Willen der SED-Führung gegangen, hätten Jugendliche sich genau so zu verhalten wie hier beim XI. Parlament der FDJ im Palast der Republik 1981.

→ Abb. 3: Treffen von Ost-Berliner Neonazis vor dem ehemaligen Konzentrationslager Sachsenhausen, 1990. Ab den frühen 1980er-Jahren wächst auch in der DDR die rechtsextreme Szene. Immer öfter kommt es zu gewalttätigen Übergriffen. 1987 überfallen etwa Neonazis ein Konzert in der Ost-Berliner Zionskirche und verletzen Dutzende Gäste.

„Eigentlich hatten wir Bedenken und Angst. Aber mein Sohn ist couragiert und neugierig. Da sind wir reingegangen, und die Gethsemanekirche war voll. Das war, als wenn sich die Welt weitet, als wenn etwas von mir abfällt. Mein Sohn hat gemerkt, dass ich unruhig wurde und sagte: ‚Mutti, nicht weinen.' Ich war berührt von diesen Freiheitsgedanken, von dem Mut dieser Menschen. Ich fühlte mich so aufgehoben."

→ Annedore Kanthak, *1942, Erzieherin und Lehrerin in der DDR

25

Lebensgefühl. Bluesfreaks, Tramper, Hippies oder Punks provozierten dabei gewollt oder ungewollt die Staatsmacht und mussten zum Teil erhebliche Repressionen in Kauf nehmen. Diese Maßnahmen wiederum führten dann bei vielen Jugendlichen zum offenen Protest. Einige suchten den Anschluss an oppositionelle Gruppen und engagierten sich politisch.

Die Abwendung vom System konnte aber auch in eine andere Richtung führen: Ab den frühen 1980er-Jahren kamen in der DDR, ähnlich wie in der Bundesrepublik, verstärkt rechte Jugendkulturen auf. Auch sie verstanden ihren Lebensstil als Protest, genauso wie ihre menschenverachtende politische Haltung.
Henning Wellmann

Flucht als Massenprotest

Zwischen dem 3. und 5. Oktober 1989 kam es am Dresdner Hauptbahnhof zu schweren Ausschreitungen: Menschen versuchten, dort haltende Züge zu entern, Pflastersteine wurden auf Polizisten geschleudert, Wasserwerfer schossen in die Menge der Protestierenden. Der Grund: ein völlig fehlgeschlagener Versuch der Machtdemonstration durch das SED-Regime.

Allein im ersten Halbjahr 1989 stellten mehr als einhunderttausend Menschen einen Antrag auf Ausreise in die Bundesrepublik. Für sie bot die DDR keine Perspektive mehr. Als westdeutsche Medien im Mai 1989 über den Abbau der Grenzanlagen zwischen Ungarn und Österreich berichteten, gab es für viele kein Halten mehr. Die größte Fluchtwelle aus der DDR seit dem Mauerbau setzte ein. Vor allem junge Menschen entkamen während der Sommerferien über die benachbarten Ostblockstaaten. Viele flüchteten in die bundesdeutschen Vertretungen in Prag, Budapest, Warschau oder Ost-Berlin.

Am 30. September verkündete der bundesdeutsche Außenminister Hans-Dietrich Genscher vor Tausenden in die Prager Botschaft geflüchteten DDR-Bürger*innen, dass ihre Ausreise genehmigt wurde. Daraufhin brachten Sonderzüge die Menschen in die Bundesrepublik, allerdings auf ausdrücklichen Wunsch der SED-Führung über das Territorium der DDR. Gedacht war dieses Manöver als Demonstration der Stärke und zur genauen Identifizierung der Ausreisenden. „Keine Träne" solle man den Ausreisenden nachweinen, ließ Parteichef Honecker verlauten. Als die Züge am Dresdner Hauptbahnhof hielten, brach sich der Frust über das Eingesperrtsein in der DDR und den Hohn der Staatsführung Bahn: Menschen versuchten, in die Züge zu gelangen, und es kam zu Auseinandersetzungen mit den Sicherheitskräften.

Im Juli und August 1989 verließen über 50.000 Menschen die DDR, im September allein waren es allein über 45.000. Das stellte Wirtschaft und Gesellschaft vor große Schwierigkeiten. Hinzu kam die Trauer von Angehörigen und Freund*innen, die zurückblieben. Der Druck, den diese Form des Protests aufbaute, machte dem System schwer zu schaffen und wurde zu einem entscheidenden Faktor für den Zusammenbruch des SED-Regimes. Henning Wellmann

→ Abb. 1: Sicherheitskräfte versperren die Eingänge am Dresdner Hauptbahnhof. Vom 3. bis zum 5. Oktober 1989 kommt es dort zu schweren Ausschreitungen. Tausende Menschen versuchten, Züge zu entern, die in die bundesdeutsche Botschaft geflüchtete DDR-Bürger*innen in die Bundesrepublik bringen.

→ Abb. 2: Der bundesdeutsche Außenminister Hans-Dietrich Genscher verkündet am 30.09.1989 auf dem Balkon der Deutschen Botschaft in Prag, dass den dort ausharrenden Geflüchteten aus der DDR die Ausreise genehmigt wurde. Jubelstürme schlagen ihm entgegen.

→ Abb. 3: Riesige Freude: Geflüchtete aus der DDR winken am 01.10.1989 bei der Ankunft in Helmstedt (Niedersachsen) aus den Fenstern eines Sonderzuges.

→ Teilnehmer*innen des Pilgergangs vom KZ Ravensbrück zum KZ Sachsenhausen im Rahmen des Olof-Palme-Friedensmarsches, September 1987. Die oppositionellen Gruppen können auch eigene Transparente in die Demonstration einbringen.

„Die Ideen von 1989". Von der Notwendigkeit einer starken Opposition

von

ILKO-SASCHA KOWALCZUK

Als das Jahr 1989 begann, ahnte niemand, dass an seinem Ende die Welt gänzlich anders aussehen würde. So wie es heute keine Menschen gibt, die präzise zutreffend vorhersagen könnten, wohin uns etwa Digitalisierung und Globalisierung treiben werden, so gab es am Beginn des Jahres 1989 niemanden, der präzise und nachvollziehbar prophezeit hätte, dass am Ende des Jahres das kommunistische System mit seinem Zentrum in Moskau und seinen vielen Satellitenstaaten, darunter die DDR, leblos am Boden liegen würde. Manchmal geschehen in der Geschichte einfach zu unwahrscheinliche Dinge. Der rasante Zerfall des Kommunismus in Europa gehört dazu.

Imperien — und das sowjet-kommunistische System war ein Imperium — zerfallen niemals nur aus einem einzigen Grund. Anhand des kleinen Teils DDR innerhalb dieses Systems lässt sich das gut nachvollziehen.

Es gibt keine tragfähigen monokausalen Erklärungen für Ursachen, Verlauf und Erfolg der Revolution, die den Zusammenbruch der SED-Diktatur besiegelte. Hierfür musste vieles zusammenkommen. Die neue Politik Gorbatschows, die versuchte, den Kommunismus mit einer neuen Wirtschaftspolitik (Perestroika) und einer neuen politischen Kultur (Glasnost) zu retten. Das verabschiedete vor allem die jahrzehntelange Politik der notfalls auch militärischen Einmischung in die Belange anderer Staaten des Imperiums. Diese drei Elemente der neuen Politik Gorbatschows ermunterten auch in der DDR unabhängige Kräfte, innenpolitische Reformen anzustreben. Die wirtschaftliche und soziale Krise in der DDR war allerorten mit Händen zu greifen. Das hatte auch einen schleichenden Zerfall des Macht- und Staatsapparats zur Folge, die Delegitimierung von Ideologie,

29

Macht und Herrschaft erreichte nun auch die systemtragenden und bislang system-stabilisierenden Kräfte. Selbst die innere Erosion der SED nahm bereits Ende der 1980er-Jahre systemdestabilisierende Züge an: Immer mehr Mitglieder kündigten ihre unbedingte Loyalität zur Parteiführung auf und setzten auf Reformen.

Die innere Krise wurde im Laufe des Jahres 1989 durch eine Ausreise- und Fluchtbewegung aus der DDR befördert. Diese Bewegung wurde im Sommer 1989 zu einem weltweiten Symbol dafür, dass der SED-Kommunismus sichtbar in eine kaum noch beherrschbare Krise geschlingert war. Und doch gingen nicht alle Kritiker des Systems. Andere riefen „Wir bleiben hier!" Das war eine an den Staat gerichtete Drohung: Uns werdet ihr so einfach nicht los! Das ist auch unser Land! Wir sind das Volk! Dieses Land muss anders werden, ganz anders!

Die im Spätsommer und Frühherbst 1989 agierende Bürgerrechtsbewegung, deren berühmteste Gruppe das „Neue Forum" war, wurde zum entscheidenden Motor der Revolution. Denn erst durch öffentliche Aktionen wie die Bildung von Bürgerrechtsgruppen, die Durchführung von Unterschriftensammlungen, die Herausgabe offener Briefe und Aufrufen, die Initiierung von Demonstrationen, Versammlungen und öffentlichen Protesten und schließlich die Berichterstattung über all diese Aktivitäten ist die SED-Diktatur tatsächlich herausgefordert worden. Zugleich ermunterten diese Aktionen weniger die vielen, die bislang schwiegen, duldeten, mitmachten oder gar vom System überzeugt waren, nun auch ihre Stimme für Veränderungen zu erheben. Natürlich, in solchen histori-schen Situationen ergreift niemals die Mehrheit einer Gesellschaft für oder wider einer solchen Bewegung Partei, sie tut dies aber auch nicht mehr für das System. Die große Mehrheit wartet ab. Doch darum geht es gar nicht. Will man Verände-rungen, Reformen erreichen, so muss man starke gesellschaftliche Bündnisse über die eigenen sozialen, politischen und kulturellen Gruppengrenzen hinaus schmieden. Genau das ist 1989 in der DDR geschehen.

Diese Opposition hatte es einerseits sehr einfach. War der erste Schritt aus der Deckung erst einmal gewagt — und diesen ersten Schritt wagten bis 1989 nicht sehr viele Menschen, weil er mit großen Gefahren verbunden war —, so waren sich die Akteure schnell einig, wogegen sie alles seien, was automatisch auch hieß, wofür. Konkret ging es um die Herstellung der grundlegenden Men-schenrechte wie Meinungs-, Versammlungs-, Rede-, Reise- oder Pressefreiheit. Ebenso stand die Überwindung der Mangelgesellschaft im Fokus. Die Menschen wollten sozial und materiell ähnlich leben wie in der Bundesrepublik. Die meis-ten waren sich einig darin, dass dies alles nur auf dem Weg von freien und demo-kratischen Wahlen zu erreichen sei.

Und nun beginnt in jeder Oppositionsbewegung der weitaus komplizierte-re Teil. Denn sich darüber zu verständigen, was überwunden und was angestrebt werden soll, ist relativ einfach. Aber sich darauf zu einigen, wie und auf welchen Wegen es erreicht werden soll, ist weitaus schwieriger. Denn nun geht es um grundsätzliche gesellschaftspolitische Vorstellungen und ökonomische Grund-satzentscheidungen. Nicht nur, dass diese schnell auseinanderfallen und gleiche Ziele noch lange keine ähnlichen Wegvorstellungen zur Voraussetzung haben müssen. Hinzu kommt, dass dafür Expertenwissen und strategische Zukunfts-planungen notwendig sind, deren innere Behutsamkeit und notwendige Lang-samkeit in revolutionären Zeiten nicht sonderlich gefragt sind. Daher ist oft zu beobachten, so auch 1989/90 in der DDR, dass diejenigen, die den gesellschaftlichen Umbruch maßgeblich tragen, in der Phase nach dem Systemsturz von der ungeduldigen Gesellschaft nicht mehr honoriert werden. Wie im Bauwesen sind für den Neuaufbau nunmehr andere als für den Abriss zuständig.

Die Revolution von 1989 hat vor allem gezeigt, wie aus einer kleinen gesellschaftlichen Bewegung ein mächtiger Strom gegen eine Diktatur, gegen autoritäre Herrschaftsverhältnisse entstehen kann. Diese Revolution war insofern neu, als sie nichts Neues erstrebte, denn sie setzte sich im gesamten sowjetischen Machtbereich „lediglich" zum Ziel, das zu erreichen und durchzusetzen, was in westlichen Ländern wie der Bundesrepublik bereits existierte. Insofern setzte sie politisch, sozial, ökonomisch und kulturell auf nachholende Modernisierungen.

Zugleich aber, und darin liegt ihre anhaltende Bedeutung, versinnbildlichten die überschaubare organisierte Opposition gegen die SED-Diktatur und die aus ihr erwachsene politische Bürgerrechtsbewegung, welche Kraft gesellschaftliche Bewegungen haben können, wenn sie sich in ihrem Engagement gegen Verhältnisse, die überwunden werden sollen, auf einen Minimalkonsens einigen können und nicht dogmatisch versuchen, von Beginn an Maximalziele mit Maximalforderungen zu verbinden. Das funktioniert nicht. Zur Mobilisierung reicht es, das Kritikwürdige als Ausgangsbasis zu benennen, um zunächst über die eigenen Milieus hinaus Gesellschaftsgruppen zu mobilisieren. Erst wenn das in einem relevanten Maße gelungen ist, kann der weitaus kompliziertere Prozess des Aushandelns darüber einsetzen, wie und auf welchen Wegen die Ziele erreicht werden sollten. Daher ist aktuell auch die weltweite Bewegung „Fridays for Future" so erfolgreich. Sofern sie beginnt (weil sie damit irgendwann beginnen muss), ihre bevorzugten Wege zur Erreichung ihrer absolut notwendigen Ziele in den Mittelpunkt ihrer Kampagnen zu stellen, wird sich die Bewegung in Teilbewegungen splitten.

Ist das schlecht? Nein! Denn das spiegelt, so wie auch 1989/90 in der DDR, lediglich den ohnehin in der Gesellschaft vorhandenen Interessens- und Meinungspluralismus wider, den solche Oppositionsbewegungen um der Demokratie und Freiheit willen verkörpern.

In jeder Diktatur gibt es Oppositionsbewegungen. Sie fordern das Regime heraus, sie stürzen es letztlich. In der Demokratie ist es genau umgekehrt. Hier ist die auf der Verfassung agierende Opposition der Garant für die Bewahrung und Vitalität der Demokratie, demokratischer Lebens- und Umgangsformen. Die Demokratisierung der Gesellschaft als andauernder und nie abgeschlossener Prozess hat die ebenso permanente Demokratisierung der parlamentarischen wie außerparlamentarischen Opposition, also auch die Akzeptanz der eigenen Heterogenität zur unbedingten Voraussetzung. Die Diktatur lebt von einem starken Staat. Die Demokratie ist stark, wenn sie eine lebendige Opposition aufweist. In der Demokratie ist eine starke Opposition ebenso relevant wie eine handlungsfähige Regierung. Daher ist es im Hinblick auf populistische Entwicklungen in den westlichen Demokratien und als Lehre aus der Geschichte des 20. Jahrhunderts wichtig, eine starke, verfassungskonforme Opposition inner- und außerhalb des Parlaments zu haben. Regierungsbildungen müssten deswegen stets auch beachten, dass die Opposition im Parlament nicht den Verfassungsfeinden überlassen wird.

31

Christoph Links

→ geb. 1954, Verleger und Publizist, 1986 bis 1989 Assistent der Geschäftsleitung im Aufbau-Verlag, Ende 1989 nach Aufhebung von Zensurmaßnahmen in der DDR Gründung des privaten Sachbuchverlages LinksDruck, später Ch. Links Verlag, mit dem Schwerpunkt Politik und Zeitgeschichte des 20. Jahrhunderts, der sogleich eine wichtige Stimme der Friedlichen Revolution wurde.

Am 9. Oktober ist die eigentliche Entscheidung der Revolution gefallen

Es gab Neonazis in der DDR, über die nicht publiziert werden durfte. Die sind sehr schnell von Rechtsextremisten aus der Bundesrepublik unterstützt worden. Bereits auf der ersten Montagsdemonstration im Januar 1990 waren die Republikaner da, verteilten massenhaft Flugblätter und Deutschlandfahnen und wurden immer gewalttätiger und übergriffiger. Anfang März habe ich in Leipzig erlebt, wie Rechtsradikale einen Stand des Neuen Forums attackierten. Die Polizei hat hilflos zugeschaut und nicht eingegriffen. Inzwischen wissen wir, dass die Stasi auch gesuchten Rechtsextremisten Unterschlupf bot, so wie sie es auch mit RAF-Terroristen gemacht hat. Diese Verbindung der Rechtsextremen aus der BRD in die vergleichsweise kleine Szene im Osten hat sich sehr stark und schnell entwickelt. Führungskader aus dem Westen haben auch die NPD im Osten mit aufgebaut. Wie wir 30 Jahre später feststellen, hat das Wurzeln geschlagen und Wirkung gezeigt.

Michail Gorbatschow ist mit seiner Perestroika-Politik in der DDR sehr bewundert worden. Er hat sich von der Breschnew-Doktrin gelöst, dass alle osteuropäischen Länder direkt nach der Pfeife der Sowjetunion tanzen müssen. Während der Feierlichkeiten am 7. Oktober in Ost-Berlin hat er einem Reporter mit diesem legendären Satz geantwortet: „Wer zu spät kommt, den bestraft das Leben". Er hat es nicht wörtlich so gesagt, aber von der Intention her

33

mit einem alten russischen Sprichwort so gemeint. Der neue Regierungschef Hans Modrow musste bei seinem Besuch Ende Januar in Moskau die Erfahrung machen, dass Gorbatschow inzwischen die Einschätzung seiner Geheimdienstkräfte teilte, dass die DDR politisch nicht zu halten sei. Es stellte sich heraus, dass Gorbatschow kein wirkliches Konzept hatte, wie das neue Haus Europa, von dem er immer gesprochen hat, aussehen sollte. Im Sommer 1990 hat er zugestimmt, dass der Ostteil Deutschlands nach der deutschen Vereinigung Bestandteil der NATO werden kann. Damit war klar: die DDR tritt aus dem Warschauer Pakt aus. Es wird einen neuen Vertrag zum Ende des Alliiertenstatus geben. Damit war der endgültige Weg zur deutschen Einheit außenpolitisch geregelt.

Seit den gefälschten Kommunalwahlen am 7. Mai 1989 gab es an jedem Siebten des Monats zumindest kleinere Protestaktionen, meistens auf dem Alexanderplatz, die von der Stasi sehr schnell weggefangen wurden. Am 7. Oktober sind mehr Demonstranten gekommen, dann in Richtung Palast der Republik gelaufen, haben von unten „Gorbi, Gorbi" gerufen und Demokratisierung gefordert. Sie sind von Polizeiketten abgedrängt worden und in Richtung Gethsemanekirche gezogen. Das war spät abends, da war Gorbatschow schon auf dem Heimweg. Danach kam der Befehl zum gewaltsamen Vorgehen gegen die Oppositionellen. Das geschah sehr brutal. LKWs fuhren in die Demonstrationsmenge, um zwischen den Straßenblöcken den Zug zu zersplittern und die Leute einzeln rauszuziehen, zu verhaften,

auf die LKWs zu werfen. Oder hochzuschlagen und sie dann zu sogenannten Zuführungspunkten zu bringen. Das heißt, in das Gefängnis Rummelsburg, in die Polizeizentrale am Alexanderplatz, in Außenstellen, auch der Armee. Wir wurden rund um die Kirche eingekesselt. Von beiden Seiten kamen sie mit Schutzschilden, Helmen, Schlagstöcken.

Das Vorgehen änderte sich dann schlagartig am 9. Oktober abends, als in Leipzig 70.000 Demonstranten so präsent waren, dass die militärischen Einsatzkräfte es nicht wagten, gegen sie vorzugehen. In jener Nacht ist die eigentliche Entscheidung der Revolution gefallen. Das war der Schlüsselpunkt der Herbstereignisse. Nachdem sich die Polizei in Leipzig zurückgezogen hatte, kam auch der Befehl nach Berlin, sich zurückzuziehen. Wir haben mit unseren Kerzen die Kreuzung besetzt und unseren Sieg über die Straße gefeiert. Da war für mich klar, die Machtverhältnisse sind entschieden. Die Verhältnisse werden sich grundlegend ändern. Und das taten sie in rasantem Tempo.

Die Demonstration am 4. November war ein zweites markantes Erlebnis in diesem Umbruchherbst. Während die Leipziger am 9. Oktober die Machtfrage auf der Straße geklärt hatten, hat der 4. November noch etwas anderes bewirkt. Es war eine Protestaktion, die Theaterleute angemeldet hatten und die von Kulturschaffenden ausging. Es haben Schriftsteller und Dramatiker dort geredet. Und es kamen Hunderttausende. Dass gerade an dem Ort, wo die alte Führung ihre politische Basis vermutete, fast die gesamte Bevölkerung der Stadt zur Protestdemonstration kam, war die eine große Zäsur. Die zweite war der gescheiterte Versuch von vermeintlichen Reformkräften der Parteiführung, dort zu sprechen, wie Politbüromitglied Günter Schabowski, Parteichef von Berlin, oder der ehemalige Stasi-Auslandschef Markus Wolf. Die bewusste Losung dieser Demonstration war deutlich: WIR sind das Volk, WIR wollen die Veränderung, WIR wollen die Entmachtung der alten Führung. Besonders erfreulich war die heitere, lockere, entspannte Atmosphäre. Im Vorfeld waren wir alle unsicher. Mit uns waren viele andere Familien auch mit ihren Kindern da.

Was wir dann erlebt haben, war wirklich eine Revolution, und sie war zum Glück friedlich. Die Machtverhältnisse sind umgestürzt worden. Die Opposition war nicht stark genug, nicht gut genug organisiert, die Macht zu übernehmen. Sie hat am 7. Dezember die Kompromissformel des Runden Tisches gefunden, an dem die Beschlüsse der Regierung von der Opposition kontrolliert werden sollten. Aber die wirkliche Machtveränderung kam mit den Wahlen am 18. März 1990, bei denen die Mehrheit für eine schnelle Vereinigung mit der BRD gestimmt hat. Inzwischen hatten viele im Westen erlebt, wie groß der Unterschied war. So kam die schnelle Entscheidung zustande, keine weiteren Reformen in der DDR zu versuchen, sondern das BRD-System zu übernehmen.

→ Christoph Links in seinem Wohnzimmer, das bis zum Umzug in die Verlagsräume in der Sredzkistraße im Juli 1990 als Verlagssitz diente, erstes Halbjahr 1990.

2 Alexanderplatz

Alexanderplatz Revolution auf der Straße

Am 4. November 1989 kam es auf dem Alexanderplatz zur größten Protestdemonstration der DDR-Geschichte. Hunderttausende versammelten sich, um für eine andere, eine demokratische DDR zu demonstrieren. Zentrale Forderungen waren Reisefreiheit, freie Wahlen, Meinungs- und Pressefreiheit sowie die Zulassung von Oppositionsgruppen und neuen Parteien. Mit Tausenden Transparenten trugen die Menschen ihren Protest und ihre Forderungen kreativ in die Öffentlichkeit — ganz legal, denn die Demonstration war offiziell genehmigt.

Seit Mitte Oktober 1989 kam es in immer mehr Städten und Gemeinden der DDR zu Protesten der Bevölkerung gegen die SED-Diktatur. Als diese sich nicht mehr unterdrücken ließen, war die kommunistische Staatspartei gezwungen, landesweit unabhängige Versammlungen und Demonstrationen zuzulassen. Diese neuen Spielräume wollten oppositionelle Gruppen wie das im September 1989 gegründete Neue Forum nutzen. Eine Großdemonstration in der Hauptstadt der DDR sollte organisiert werden. Schauspieler*innen und Künstler*innen griffen die Idee auf und ab dem 15. Oktober begannen die Vorbereitungen. Die Veranstaltung wurde bei den Behörden angemeldet und von der SED genehmigt.

Dieser Schritt war Ausdruck eines Strategiewechsels der SED-Führung. Statt den Protest zu unterdrücken, versuchte sie ihn zu lenken und zu beeinflussen. Auf dem Alexanderplatz sprachen nicht nur Oppositionelle und Künstler*innen, sondern auch SED-Funktionäre. Ihre Reden trafen allerdings auf wenig Begeisterung und wurden vielfach von lauten Pfiffen und Rufen übertönt.

„Der 4. November war beeindruckend
— so viele kreative Menschen. Die
Leute hatten so tolle Gesichter, die
waren offener als sonst, echte Auf-
bruchsstimmung. Es waren so viele,
dass die staatlichen Organe kaum
etwas hätten machen können. Am
Palast der Republik war dieses Plakat
von Egon Krenz mit der Haube:
‚Großmutter, warum hast du so große
Zähne?' Das waren unheimlich viele
tolle Sprüche. Wir haben so gelacht."

→ Kathrin G., *1961, 1989
Assistenzärztin in der Charité

→ Abb.1: Kreativer Protest auf dem Alexanderplatz am 4.11.1989.

→ Abb.2: Massen demonstrieren am 4.11.1989 für demokratische Reformen auf dem Alexanderplatz.

Die größte Protestdemonstration der DDR-Geschichte

Am 4. November 1989 fand auf dem Alexanderplatz die größte Protestdemonstration in der Geschichte der DDR statt. Die Teilnehmer*innen forderten die Demokratisierung der DDR, freie Wahlen, Meinungs- und Pressefreiheit sowie die Zulassung von Oppositionsgruppen und neuen Parteien.

Bereits um 10 Uhr morgens fanden sich zehntausende Menschen aus Ost-Berlin und der ganzen DDR am Treffpunkt Mollstraße Ecke Prenzlauer Allee ein. In den Medien war am Abend von mehreren hunderttausend Demonstrant*innen die Rede. Von der Karl-Liebknecht-Straße aus bewegte sich der Demonstrationszug zunächst Richtung Palast der Republik, wo die Volkskammer, das Scheinparlament der DDR, saß. Dort bogen die Teilnehmer*innen über den Schlossplatz auf die Leipziger Straße ab. Danach zogen sie zum Alexanderplatz.

Die Organisator*innen begleiteten die Demonstration als Ordner*innen und trugen Schärpen mit der Aufschrift „Keine Gewalt". Sie übernahmen anstelle der Polizei die Absicherung der Demonstration. Zugleich sollten die Teilnehmer*innen davon abgehalten werden, in Richtung Mauer am Brandenburger Tor zu laufen. Viele Demonstrant*innen hatten selbstgemachte Plakate mitgebracht, auf denen phantasievolle Sprüche zu lesen waren: „Rücktritt ist Fortschritt", „Eure Politik ist zum Davonlaufen" oder „Visafrei — bis Hawaii".

22 Redner*innen waren für das Programm auf dem Alexanderplatz angemeldet. Neben Schauspieler*innen und Oppositionellen sprachen auch Vertreter der Sozialistischen Einheitspartei Deutschlands (SED). Sie machten allerdings

→ Abb. 1: Der Protestzug wird von einem großen Transparent angeführt. So bleibt kein Zweifel daran, was genau am 4. November 1989 in Ost-Berlin passiert.

→ Abb. 2: Die Redner*innen stehen auf einer improvisierten Bühne und sehen sich einer riesigen Menschenmasse auf dem Alexanderplatz gegenüber.

→ Abb. 3: Mehrere hunderttausend Menschen treffen sich Berichten zufolge zur Kundgebung auf dem Alexanderplatz.

deutlich, dass die allein herrschende Partei ihre Macht nicht abgeben wollte. Die Reden der SED-Funktionäre wurden vielfach von lauten Pfiffen und Rufen übertönt. Die Protestdemonstration wurde an diesem Tag live im DDR-Fernsehen übertragen, ein im diktatorischen Staat bisher undenkbares Ereignis. Parallel fanden auch in anderen Städten der DDR Demonstrationen statt, auf denen demokratische Rechte und Freiheiten gefordert wurden. Jana Birthelmer

41

Information vom Verband der Theaterschaffenden

Demonstration
gegen Gewalt und fuer verfassungsmaessige Rechte
(Demonstration ist offiziell angemeldet)

Zeit: 4.11.89   10 Uhr
Treffpunkt: ADN-Gebaeude

(Mollstrasse / Prenzlauer Allee)

Plakate sind erwuenscht

→ Abb. 1: Plakate sind erwünscht, steht im Demonstrationsaufruf des Verbandes der Theaterschaffenden vom Oktober 1989. Bis zu diesem Tag waren systemkritische Äußerungen in der Öffentlichkeit verboten.

→ Abb. 2: Niemand ahnt im Voraus, dass die Protestdemonstration am 4. November 1989 auf dem Alexanderplatz die größte in der Geschichte der DDR werden wird.

Protest und Dialog

Seit Mitte Oktober 1989 ließen sich öffentliche Proteste der Bevölkerung gegen die SED-Diktatur in der DDR nicht mehr unterdrücken. Die kommunistische Staatspartei war gezwungen, landesweit unabhängige Versammlungen und Demonstrationen zuzulassen. Oppositionelle Gruppen wie das Neue Forum wollten den neuen Spielraum für die Anmeldung einer Großdemonstration in Ost-Berlin nutzen. Diese Idee wurde von Schauspieler*innen und Künstler*innen aufgegriffen. Ab dem 15. Oktober begannen Ost-Berliner Theaterleute mit der Vorbereitung der Demonstration. Die Veranstaltung wurde bei den Behörden angemeldet und von der SED genehmigt.

Die Staatspartei legte den Sicherheitskräften ausdrückliche Zurückhaltung auf. Sie wollte damit ihre Reformbereitschaft unterstreichen. Ein gewaltsames Vorgehen gegen Demonstrant*innen, wie noch wenige Wochen zuvor, lag deshalb nicht mehr in ihrem Interesse. Nach dem Vorbild anderer Städte vereinbarten die Organisator*innen eine Sicherheitspartnerschaft mit der Polizei, die sich am 4. November 1989 tatsächlich im Hintergrund hielt. Die unmittelbare Absicherung der Großdemonstration übernahmen Ordner*innen aus den Reihen der Künstler*innen.

Die Veranstalter*innen wollten der Partei- und Staatsführung deutlich machen, dass die Forderung nach Demokratisierung der DDR von einem großen Teil der Bevölkerung getragen wurde. Die Demonstration sollte allerdings keine reine Protestveranstaltung gegen die SED werden, sondern einen gesamtgesellschaftlichen Dialog über Reformprozesse in der DDR anstoßen. Um den von der SED bekundeten Reformwillen zu testen, wurden auch Vertreter des Partei- und Sicherheitsapparates als Redner zugelassen.

Hinter den Kulissen versuchte der SED-gelenkte staatliche Kulturapparat Einfluss auf die Vorbereitungen zu nehmen. Die beabsichtigte Vereinnahmung misslang. Obwohl die Redner der SED am 4. November 1989 ihren Reformwillen betonten, hatten die Demonstrant*innen kein Vertrauen in die Staatspartei. Ihre Transparente zeigten deutlich: Sie wollten eine grundlegende Veränderung und Demokratisierung der DDR. Ronny Heidenreich

→ Abb. 3: Die SED versucht im Vorfeld erfolglos, die Veranstaltung in ihrem Sinn zu vereinnahmen.

→ Abb. 4: Die Ordner*innen der Demonstration tragen Schärpen mit der Aufschrift „Keine Gewalt".

„Nie genug vom Wahlbetrug"

Dass es bei den Wahlen in der DDR nicht mit rechten Dingen zuging, war eigentlich allen klar. Bei der Kommunalwahl am 7. Mai 1989 war es Bürgerrechtler*innen erstmals gelungen nachzuweisen, dass die offiziellen Ergebnisse manipuliert waren. Um gegen den Wahlbetrug zu protestieren, versammelten sich ab Juli immer am 7. eines Monats Menschen auf dem Alexanderplatz.

Zwar fanden in der DDR regelmäßig Wahlen statt, sie waren allerdings weder geheim noch frei. „Zettelfalten" nannte man den Wahlvorgang, denn es gab keine alternativen Wahlmöglichkeiten, zur Wahl stand nur eine Liste, die man faltete und in die Wahlurne warf. Wer die Wahlkabine benutzte, machte

43

sich verdächtig und riskierte, ins Visier der Stasi zu geraten. Um dagegen zu wählen, war viel mehr Aufwand nötig. Man musste alle Namen auf der Liste einzeln durchstreichen, sonst war die Stimme ungültig, was aber nur wenige wussten, da dies nicht offiziell bekanntgegeben wurde.

Vor den Wahlen im Mai 1989 regte sich Protest gegen dieses völlig undemokratische Verfahren und verschiedene oppositionelle Gruppen riefen dazu auf, die Auszählung der Wählerstimmen nach Schließung der Wahllokale zu beobachten. So wurde in etwa tausend Wahllokalen im ganzen Land die Stimmauszählung protokolliert, im Berliner Bezirk Weißensee sogar flächendeckend. Dabei wurden erhebliche Unterschiede zwischen den Ergebnissen der Auszählungen und den später offiziell verkündeten Zahlen festgestellt. Die Unstimmigkeiten und damit der Beleg für die Fälschung der Scheinwahlen wurden dokumentiert und unter dem Titel *Wahlfall 89* von der Umwelt-Bibliothek, einer Ost-Berliner Oppositionsgruppe, veröffentlicht. Westliche Medien griffen das auf und sprachen erstmals offen von Fälschung.

Mit dem Nachweis der Wahlfälschung war es nicht nur gelungen, den ohnehin nur zum Schein aufgetragenen demokratischen Anstrich des Regimes weiter anzukratzen. Die regelmäßigen und öffentlichen Protestaktionen gegen den Wahlbetrug waren auch ein wichtiger Schritt zu selbstbewusster und öffentlicher Systemkritik und damit ein Meilenstein auf dem Weg zur Friedlichen Revolution im Herbst 1989. Caroline Sperl

→ Abb. 1: Erste Demonstration von etwa 300 Menschen in Berlin gegen die offiziellen Ergebnisse der Kommunalwahlen vom 7.5.1989 mit dem Transparent „Nie genug vom Wahlbetrug". Diese Demonstrationen, hier vor der Sophienkirche am 7.6.1989, später am Alexanderplatz, finden von nun an monatlich statt.

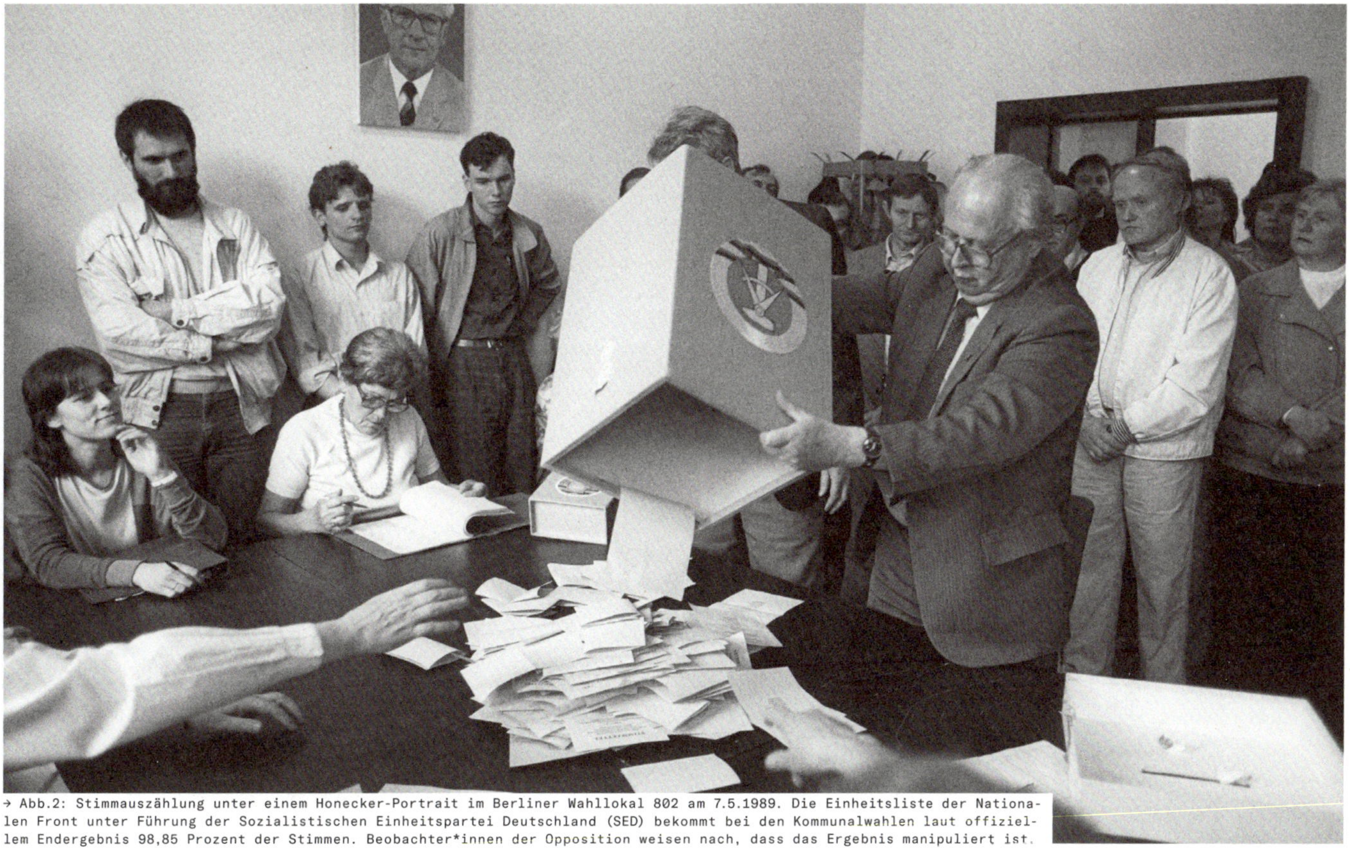

→ Abb.2: Stimmauszählung unter einem Honecker-Portrait im Berliner Wahllokal 802 am 7.5.1989. Die Einheitsliste der Nationalen Front unter Führung der Sozialistischen Einheitspartei Deutschland (SED) bekommt bei den Kommunalwahlen laut offiziellem Endergebnis 98,85 Prozent der Stimmen. Beobachter*innen der Opposition weisen nach, dass das Ergebnis manipuliert ist.

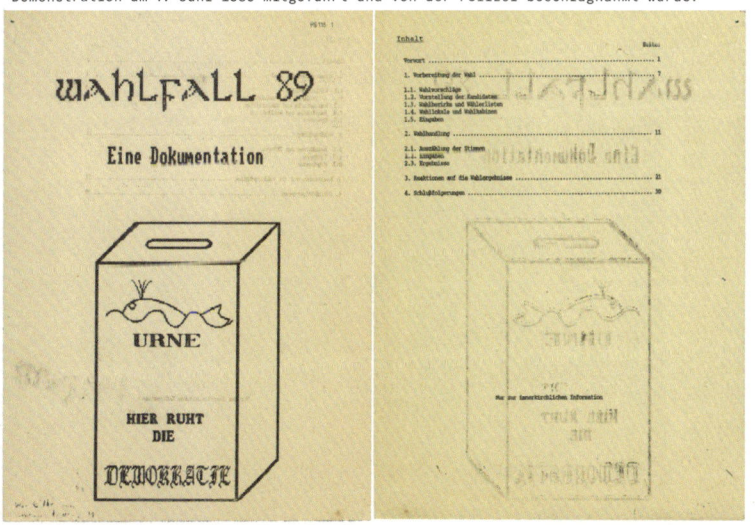

„Wir protestierten jeden 7. des Monats im Weißenseer Friedenskreis gegen den Wahlbetrug. Im September beschlossen wir: Wir gehen dahin, wo es richtig weh tut, auf den Alexanderplatz. Viele wurden vorher weggefangen, in der U-Bahn, auf der Straße oder zu Hause. Wir wollten in den Springbrunnen springen und die Stasi sollte hinterher. Es ist nicht so lustig ausgegangen wie gedacht. Die Staatssicherheitshörde hat uns auf brutalste Weise rausgezerrt. Ich hatte am ganzen Körper Hämatome, alles schwarz und blau. Viele Leute hatten Tränen in den Augen, sie waren entsetzt. Diese offene Brutalität kannte man bis dahin nicht."

→ Evelyn Zupke, *1962, Erzieherin und Bürgerrechtlerin

→ Abb.3: Wahlfall 89 ist eine ausführliche Dokumentation der von der Opposition im Mai 1989 nachgewiesenen Wahlfälschungen. Das Titelbild zeigt eine Wahlurne, die bei einer Demonstration am 7. Juni 1989 mitgeführt und von der Polizei beschlagnahmt wurde.

wahlfall 89

Eine Dokumentation

URNE

HIER RUHT DIE DEMOKRATIE

Inhalt

Vorwort 1

1. Vorbereitung der Wahl 7

1.1. Wahlvorschläge
1.2. Vorstellung der Kandidaten
1.3. Wahlbezirke und Wählerlisten
1.4. Wahllokale und Wahlkabinen
1.5. Eingaben

2. Wahlhandlung 11

2.1. Auszählung der Stimmen
2.2. Eingaben
2.3. Ergebnisse

3. Reaktionen auf die Wahlergebnisse 21

4. Schlußfolgerungen 30

→ Abb. 1: Etwa tausend DDR-Bürger*innen demonstrieren am Abend des 4.9.1989 in Leipzig für Reisefreiheit und Reformen. Hier das Transparent mit der Aufschrift „Für ein offenes Land mit freien Menschen".

→ Abb. 2: Montagsdemonstration auf dem Karl-Marx-Platz in Leipzig am 16.10.1989 mit etwa 120.000 Teilnehmer*innen.

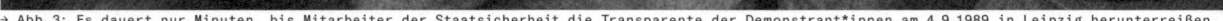

→ Abb. 3: Es dauert nur Minuten, bis Mitarbeiter der Staatsicherheit die Transparente der Demonstrant*innen am 4.9.1989 in Leipzig herunterreißen.

→ Abb. 4: In der sächsischen Kleinstadt Plauen demonstrieren am 7.10.1989, dem 40. Jahrestag der DDR, zwischen 10.000 und 20.000 Menschen für demokratische Reformen. Die Sicherheitskräfte gehen mit Wasserwerfern und Schlagstöcken gegen die Protestierenden vor.

→ Abb. 5: In Erfurt kommt es im Anschluss an Friedensgebete zu einem Zug durch die Innenstadt zum Domplatz, wo sich am 26.10.1989 etwa 15.000 Bürger*innen versammeln. In Sprechchören fordern sie zu Reformen und mehr Demokratie auf.

„Für ein offenes Land mit freien Menschen"

Es dauerte nur wenige Minuten, bis Stasi-Mitarbeiter das Transparent mit dem Slogan „Für ein offenes Land mit freien Menschen" herunterrissen. Gehalten hatten es Katrin Hattenhauer und Gesine Ottmanns, zwei Leipziger Oppositionelle. Sie standen in einer Menge von etwa 1.000 Menschen vor der Nikolaikirche in Leipzig, die sich im Anschluss an das wöchentliche Friedensgebet dort zum Protest versammelt hatten. Es war Montag, der 4. September 1989, und noch ahnte niemand, dass diese Demonstration zu einer Art Initialzündung für eine Protestwelle werden würde, die innerhalb weniger Monate das SED-System stürzen und die Mauer zu Fall bringen würde. Die Montagsdemonstrationen waren geboren.

Schon seit 1981 gab es in der Nikolaikirche in Leipzig die Friedensgebete, ab Mitte der 1980er-Jahre wurden sie immer politischer. Oppositionelle Gruppen beteiligten sich an der Organisation und mehr und mehr Ausreisewillige nahmen teil. Der Termin, immer montags um 17.00 Uhr, erwies sich dabei als strategisch günstig gewählt. Es war nach Feierabend, aber früh genug, um sich noch vor Ladenschluss unauffällig in der Innenstadt aufzuhalten. Außerdem waren SED-Mitglieder zu diesem Zeitpunkt traditionell bei Parteiversammlungen.

Dass die Demonstration vom 4. September 1989 so eine Wirkung hatte, lag vor allem an der medialen Berichterstattung. Westmedien, die anlässlich der Herbstmesse in Leipzig waren, filmten die Stasi-Mitarbeiter, die die Transparente herunterrissen und die Demonstrierenden mit ihren Rufen: „Wir wollen raus!", „Stasi raus!", aber auch „Wir bleiben hier!". Die Bilder liefen abends in der Tagesschau. Die Anwesenheit der Westmedien sorgte auch für die relative Zurückhaltung der Sicherheitskräfte — es gab an diesem Tag keine Festnahmen. Dafür schlugen sie in der Woche darauf hart zu, unter anderem Katrin Hattenhauer wurde am 11. September verhaftet.

In den folgenden Wochen stieg die Zahl der Teilnehmer*innen kontinuierlich: Am 9. Oktober waren es schon 70.000, zwei Wochen später bis zu 300.000. Auch in anderen Städten der DDR wurde von nun an regelmäßig montags demonstriert. <small>Henning Wellmann</small>

Proteste überall

Auch wenn entscheidende Entwicklungen für die Friedliche Revolution immer wieder in den großen Städten der DDR ihren Ausgang nahmen — am bekanntesten sind Leipzig, Ost-Berlin und Dresden —, die Revolution wäre sicher anders verlaufen, wenn sie nicht zum Flächenbrand geworden wäre.

In der sächsischen Kleinstadt Plauen demonstrierten etwa am 7. Oktober 1989, dem 40. Jahrestag der DDR, schon 10.000 bis 20.000 Menschen für Reformen und Reisefreiheit. Das war eine enorme Menge angesichts einer Einwohnerzahl von nur 76.000 und der drohenden Gewalt durch die Sicherheitskräfte. Tatsächlich ging die Polizei mit Wasserwerfern und Schlagstöcken gegen die Menschen vor. Am gleichen Tag fanden auch in Jena, Magdeburg, Ilmenau, Arnstadt, Karl-Marx-Stadt (heute Chemnitz) und Potsdam Proteste statt. Und auch am 9. Oktober, dem „Tag der Entscheidung" in Leipzig, als die Sicherheitskräfte es nicht mehr wagten, mit Gewalt gegen die große Montagsdemonstration vorzugehen, demonstrierten ebenfalls 2.000 Menschen in Halle. Hier kam es, anders als in Leipzig, allerdings noch zu brutalen Übergriffen seitens der Einsatzkräfte.

Richtig Fahrt nahm die Welle der Massenproteste ab Mitte Oktober auf. Schon am ersten Montag nach dem 9. Oktober stiegen die Zahlen der Teilnehmer*innen rasant: 120.000 in Leipzig, jeweils 10.000 in Magdeburg und Dresden, 5.000 in Halle und 3.000 in Ost-Berlin. Aber nicht nur montags und nicht nur in den großen Städten forderten die Menschen Reformen. Allein im Laufe des Oktobers 1989 wurde etwa auch in Gotha, Klingenthal, Zwickau, Stralsund, Eisenach, Erfurt, Suhl, Anklam, Meißen und vielen weiteren Städten und Gemeinden der DDR demonstriert. Und die Proteste rissen nicht ab. Der Druck auf das SED-Regime wurde immer größer und flächendeckender.

Ein Höhepunkt wurde mit der größten Protestdemonstration der DDR-Geschichte am 4. November in Ost-Berlin erreicht. Allein hier versammelten sich Hunderttausende. Aber auch an diesem Tag ging der Druck nicht allein vom Zentrum aus. Auch in Magdeburg, Potsdam und Rostock sowie in über 40 weiteren Städten wurde demonstriert. Es war diese Breite der Proteste, die dem Regime die Rückzugsräume nahm und kontinuierlichen Druck erzeugte. Henning Wellmann

Triumph der Gewaltlosigkeit

Am Montag, dem 9. Oktober 1989, war die Stimmung in Leipzig äußerst angespannt. Wie auch an den Montagen zuvor wurde eine Demonstration im Anschluss an die Friedensgebete, die in mehreren Kirchen stattfanden, erwartet. Es gab Gerüchte, dass man sich in den Krankenhäusern auf Schussverletzungen einstellen müsse, Blutkonserven angefordert worden seien und Leichenwagen bereitstünden. Entsprechend groß war die Angst vor einer Eskalation. Vieles deutete darauf hin, dass die SED-Führung entschlossen war, an diesem Tag die Proteste blutig niederzuschlagen.

Kurz nach 18 Uhr setzten sich zehntausende Menschen in Bewegung. Sie riefen „Keine Gewalt" und „Wir sind das Volk!". Die Sicherheitskräfte wichen vor der Masse zurück, sie hatten noch keinen Befehl zum Auflösen der Demonstration. Als der Zug, mittlerweile etwa 70.000 Menschen, an der Bezirksverwaltung der Stasi vorbeigezogen war, schlug die Angst in Euphorie um. Den Demonstrierenden wurde klar, dass sie einen riesigen Erfolg errungen hatten. Das Regime hatte sich der Kraft der Massen gebeugt.

Warum gab es keinen Befehl zum Eingreifen? Eine entscheidende Rolle spielte die schiere Masse der Menschen und deren Gewaltlosigkeit, der man

→ Abb. 1: Die Montagsdemonstration in Leipzig am 9.10.1989 mit mehr als 70.000 Teilnehmer*innen.

→ Abb. 2: Demonstrant*innen vor der Nikolaikirche in Leipzig, Oktober 1989. Hier haben die bekannten Montagsdemonstrationen ihren Ursprung.

→ Abb. 3: Von Aram Radomski auf den Dächern aufgenommenes Bild von der Demonstration am 9.10.1989. Das aufgezeichnete Material wird noch am gleichen Abend in den Westen geschmuggelt.

nicht so einfach mit Brutalität begegnen wollte. Außerdem blieben Nachfragen an die höheren Stellen in Ost-Berlin nach dem weiteren Vorgehen unbeantwortet, so entschied der SED-Bezirkssekretär und Einsatzleiter vor Ort den Rückzug der Einsatzkräfte. Der Zuständige für Sicherheitsfragen in Ost-Berlin, Egon Krenz, segnete den Befehl zur Gewaltlosigkeit erst im Nachhinein ab.

Der friedliche Verlauf des 9. Oktober war von entscheidender Bedeutung für die Revolution. Demonstrationen in den Tagen zuvor — am 7. Oktober in Ost-Berlin und Plauen und auch in Dresden — war seitens des Staates noch mit offener Gewalt begegnet worden. Dass die Sicherheitskräfte es am 9. Oktober in Leipzig nicht wagten einzugreifen, verbunden mit den von Westmedien verbreiteten Filmaufnahmen der Demonstration von Aram Radomski und Siegbert Schefke, sendete ein Signal ins ganze Land und löste eine Welle von Massenprotesten aus. Caroline Sperl

49

Die SED zwischen Herrschaft und Niedergang

Die Sozialistische Einheitspartei Deutschlands (SED) hatte 1989 2,3 Millionen Mitglieder, darunter eine große Anzahl überzeugter Kommunist*innen, aber auch zahlreiche Karrierist*innen. Parteimitglieder, die sich zum Machterhalt für „Reformen" einsetzten, waren in der deutlichen Minderheit, sie hielten Abstand zur Bürgerbewegung und hofften auf das Abtreten der Parteiführung aus Altersgründen. Die Spitze der SED und hier besonders das Politbüro unter Leitung des Generalsekretärs Erich Honecker verweigerte sich jeglicher Reform.

Die krisenhafte Situation des Jahres 1989 war sowohl der SED-Führung als auch ihrer Geheimpolizei, der Staatssicherheit, bewusst. Sie reagierten auf die unerwartet hohe Zahl von Nein-Stimmen mit der Fälschung der Kommunalwahlen vom 7. Mai und immer wieder mit brutalem Vorgehen gegen Oppositionelle. In der Nacht vom 3. zum 4. Juni ließ die kommunistische Pekinger Führung auf dem Platz des Himmlischen Friedens die Protestbewegung der Student*innen blutig niederschlagen. Die SED-Führung, besonders Egon Krenz, als Mitglied des Politbüros zuständig für „Sicherheitsfragen", feierten das Blutbad als Sieg über einen „konterrevolutionären Aufruhr".

Nicht nur Bürgerrechtler*innen wurde erneut verdeutlicht, dass die SED zur Machterhaltung auch gewaltsam vorgehen würde. Die Massenflucht stieg explosionsartig an und ab September begannen Straßendemonstrationen. Auf Gewalt verzichtete die SED-Führung endgültig erst nach der Demonstration mit

→ Abb. 1: Ein Mann gegen einen Konvoi von Panzern. Das Bild geht als ein Symbol für friedlichen Protest um die Welt. Die chinesische Armee geht in der Nacht zum 4. Juni 1989 mit Panzern gegen Student*innen vor, die auf dem Tiananmen-Platz für mehr Demokratie demonstrieren. Die SED-Führung begrüßt die blutige Niederschlagung der Proteste als Sieg über einen „konterrevolutionären Aufruhr".

→ Abb. 2: Trotz seines von der SED-Führung abgelehnten Reformkurses ist der
sowjetische Staats- und Parteichef Michail Gorbatschow Ehrengast der Feierlichkeiten zum 40-jährigen Bestehen der DDR in Ost-Berlin. Hier zu sehen:
SED-Chef Erich Honecker und Michail Gorbatschow während seines Besuches am
7.10.1989.

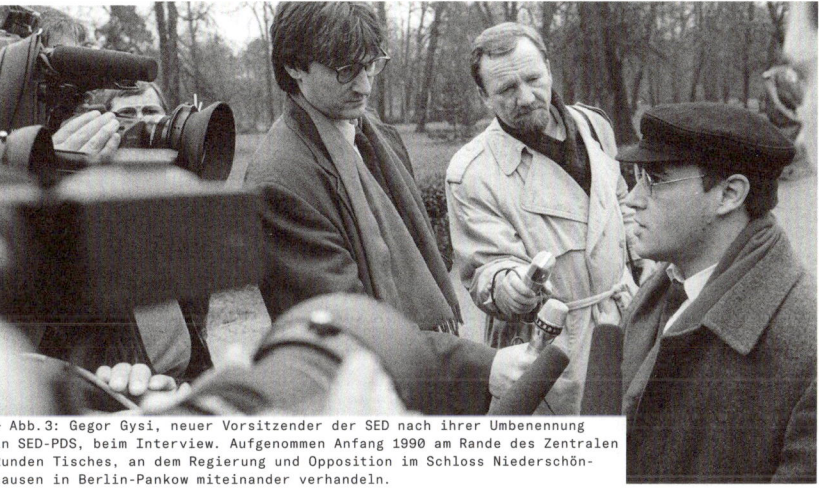

→ Abb. 3: Gregor Gysi, neuer Vorsitzender der SED nach ihrer Umbenennung
in SED-PDS, beim Interview. Aufgenommen Anfang 1990 am Rande des Zentralen
Runden Tisches, an dem Regierung und Opposition im Schloss Niederschön-
hausen in Berlin-Pankow miteinander verhandeln.

weit über 70.000 Menschen am 9. Oktober 1989 in Leipzig. Bereit zum Machtver-
zicht war sie deshalb jedoch noch lange nicht. Jetzt stürzte Krenz in einer Palast-
revolte am 17. Oktober Honecker und folgte ihm als SED-Chef. Die von ihm als
„Wende“ deklarierte Politik zur Machtsicherung seiner Partei scheiterte und er
musste am 3. Dezember als Generalsekretär der SED zurücktreten. Die Partei
benannte sich im Dezember in Partei des Demokratischen Sozialismus (PDS) mit
neuem Führungspersonal und Reformversprechen um. Es war jedoch zu spät,
die Diktatur war nicht mehr zu retten. Die PDS überlebte jedoch personell stark
reduziert und rettete einen Teil ihres Vermögens. Rainer Eckert

51

→ Abb. 1: DDR-Straßenbild: Tourist*innen und Berliner*innen im Kleinen Café Unter den Linden, später Café Einstein, in Ost-Berlin, der ehemaligen Hauptstadt der DDR, 1976.

Schweigende Mehrheit oder das Volk auf den Straßen?

Die Führung der Sozialistischen Einheitspartei Deutschlands (SED) konnte sich auf die Macht ihrer Partei, aber auch auf die vier Parteien des „Demokratischen Blocks" stützen. In diesen Parteien gab es überzeugte Anhänger*innen der Diktatur, aber auch Menschen, die zuerst an ihre Karriere dachten und solche, die sich gesellschaftlich engagieren wollten. Aber auch sie verloren im Verlauf des Jahres 1989 zunehmend den Glauben an ihre Sache. Die wenigen, die auf Reformen setzten, blieben weitgehend passiv und spielten in der Friedlichen Revolution kaum eine Rolle.

Die Mehrheit der Ostdeutschen hatte sich nörgelnd ins Privatleben zurückgezogen und war weder zum Widerstand noch zur aktiven Unterstützung der Diktatur bereit. Sie kämpften mit den Schwierigkeiten des Alltags, organisierten ein möglichst angenehmes Privatleben, warteten auf einen Telefonanschluss oder die Zuteilung eines Autos. Viele vereinte die Sehnsucht nach einem Leben wie in der Bundesrepublik und der Wunsch nach Reisefreiheit. Allabendlich traten sie via Fernsehen die mediale Flucht in den Westen an.

Die Zahl der Ostdeutschen, die aktiv gegen die Diktatur kämpften und die ein hohes persönliches Risiko auf sich nahmen, war gering. Die Mehrheit wusste von diesem Kampf nichts bzw. hielt sich fern. Allerdings drückten seit Gründung der DDR mehr als drei Millionen Menschen ihre Ablehnung dieses Staates und ihren Wunsch nach einem besseren Leben durch Flucht in den Westen aus. Hunderttausende stellten schließlich Anträge auf ständige Ausreise aus diesem Land.

Im Sommer 1989 begann die Massenflucht über Ungarn und über bundesdeutsche Botschaften. Immer mehr Menschen gingen ab September mit ihren Protesten auf die Straßen und viele organisierten sich in oppositionellen Bürgerbewegungen und Parteien. Insgesamt war es etwa eine Million Ostdeutsche, die sich aktiv in unterschiedlicher Form an der Revolution beteiligte. Die Mehrheit wartete ab. Rainer Eckert

→ Abb. 2: DDR-Flüchtlinge zeigen voller Freude ihre deutschen Reisepässe in Österreich. Etwa 600 DDR-Bürger*innen nutzten ein paneuropäisches Picknick an der ungarisch-österreichischen Grenze, bei dem ein Grenztor symbolisch geöffnet wurde, zur Flucht in den Westen, 19.8.1989.

→ Abb. 3: Sehnsucht nach dem Westen auch vor dem Intershop auf dem Gelände des Bahnhofs Friedrichstraße in Ostberlin, 1985. Wer es sich leisten konnte und über konvertierbare Währungen verfügte, konnte hier Waren aus dem Westen kaufen.

Eine Plattform für Dialog: Das Neue Forum

„In unserem Land ist die Kommunikation zwischen Staat und Gesellschaft offensichtlich gestört." Mit dieser zutreffenden Feststellung begann einer der wichtigsten Aufrufe der Friedlichen Revolution. Am 10. September 1989 veröffentlicht, rief er unter dem Titel „Aufbruch 89 — Neues Forum" alle Menschen in der DDR zu einem offenen Dialog über die Probleme im Land und mögliche Lösungen auf. Das Ziel war, endlich eine Möglichkeit des öffentlichen politischen Austausches zu schaffen — jenseits der Kontrolle durch die SED. Die dazu nötige Plattform — das Neue Forum — wurde mit diesem Aufruf ins Leben gerufen.

Innerhalb weniger Wochen unterschrieben 3.000 DDR-Bürger*innen den Aufruf, bis zum Jahresende 1989 waren es 200.000. Das Neue Forum wurde zu einer der bekanntesten und wichtigsten politischen Vereinigungen der Friedlichen Revolution und einige ihrer Mitbegründer*innen zu prominenten Gesichtern, etwa Bärbel Bohley oder Jens Reich.

Unter anderem beruhte der Erfolg des Neuen Forums auf seinem politisch offen gehaltenen Programm. Die Vereinigung verstand sich nicht als neue politische Partei, sondern wollte gemeinsam mit den DDR-Bürger*innen auf die Suche nach Lösungen für die Probleme im Land gehen. Im Gründungsaufruf hieß es zur politischen Ausrichtung lediglich: „Allen Bestrebungen, denen das Neue Forum Ausdruck und Stimme verleihen will, liegt der Wunsch nach Gerechtigkeit, Demokratie, Frieden und Schutz und Bewahrung der Natur zugrunde." So konnte das Neue Forum ganz unterschiedlichen Menschen eine Plattform bieten, ihre politischen Ideen und Wünsche zu äußern.

→ Abb. 1: Mitbegründerin des Neuen Forums Bärbel Bohley (Mitte) auf der Demonstration auf dem Alexanderplatz am 4.11.1989. Jens Reich, ebenfalls Mitbegründer des Neuen Forums, wird später auf der Abschlusskundgebung sprechen.

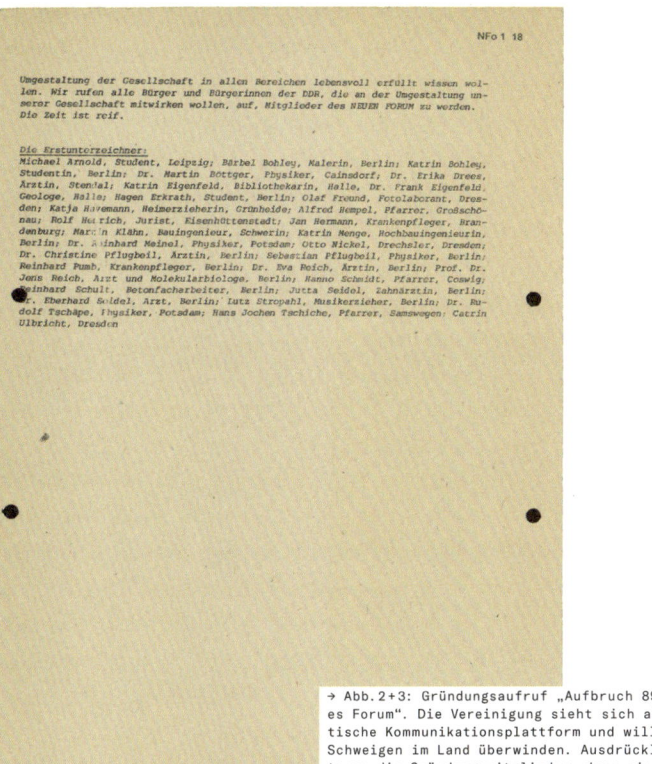

Aufbruch 89 – NEUES FORUM

In unserem Lande ist die Kommunikation zwischen Staat und Gesellschaft offensichtlich gestört. Belege dafür sind die weitverbreitete Verdrossenheit bis hin zum Rückzug in die private Nische oder zur massenhaften Auswanderung. Fluchtbewegungen dieses Ausmaßes sind anderswo durch Not, Hunger und Gewalt verursacht. Davon kann bei uns keine Rede sein.

Die gestörte Beziehung zwischen Staat und Gesellschaft lähmt die schöpferischen Potenzen unserer Gesellschaft und behindert die Lösung der anstehenden lokalen und globalen Aufgaben. Wir vertrotteln uns in übelgelaunter Passivität und hätten doch Wichtigeres zu tun für unser Leben, unser Land und die Menschheit.

In Staat und Wirtschaft funktioniert der Interessenausgleich zwischen den Gruppen und Schichten nur mangelhaft. Auch die Kommunikation über die Situation und die Interessenlage ist gehemmt. Die Diagnose lautet bei jedem leichthin, wie eine Diagnose lautet und nennt die im wichtigsten Maßnahmen. Aber die Wünsche und Bestrebungen sind sehr verschieden und werden nicht rational gegeneinander gewichtet und auf Durchführbarkeit untersucht. Auf der einen Seite wünschen wir uns eine Erweiterung des Warenangebots und bessere Versorgung, andererseits sehen wir deren soziale und ökologische Kosten und plädieren für die Abkehr vom ungehemmten Wachstum. Wir wollen Spielraum für wirtschaftliche Initiative, aber keine Entartung in eine Ellenbogengesellschaft. Wir wollen das Bewahrte erhalten und doch Platz für Erneuerung schaffen, um sparsamer und weniger naturfeindlich zu leben. Wir wollen geordnete Verhältnisse, aber keine Bevormundung. Wir wollen freie, selbstbewusste Menschen, die doch gemeinschaftsbewusst handeln. Wir wollen vor Gewalt geschützt sein und dabei nicht einen Staat von Büttel und Spitzeln ertragen müssen. Faulpelze und Maulhelden wollen aus ihren Druckposten vertrieben werden, aber wir wollen dabei keine Nachteile für sozial Schwache und Wehrlose. Wir wollen ein wirksames Gesundheitswesen für jeden, aber niemand soll auf Kosten anderer krank feiern. Wir wollen am Export und Welthandel teilhaben, aber weder zum Schuldner und Diener der führenden Industriestaaten noch zum Ausbeuter und Gläubiger der wirtschaftlich schwachen Länder werden.

Um all diese Widersprüche zu erkennen, Meinungen und Argumente dazu anzuhören und zu bewerten, allgemeine von Sonderinteressen zu unterscheiden, bedarf es eines demokratischen Dialogs über die Aufgaben des Rechtsstaates, der Wirtschaft und der Kultur. Über diese Fragen müssen wir in aller Öffentlichkeit, gemeinsam und im ganzen Land, nachdenken und miteinander sprechen. Von der Bereitschaft und dem Wollen dazu wird es abhängen, ob wir in absehbarer Zeit Wege aus der gegenwärtigen krisenhaften Situation finden. Es kommt in der jetzigen gesellschaftlichen Entwicklung darauf an,
– daß eine größere Anzahl von Menschen am gesellschaftlichen Reformprozeß mitwirkt,
– daß die vielfältigen Einzel- und Gruppenaktivitäten zu einem Gesamthandeln finden.

Wir bilden deshalb gemeinsam eine politische Plattform für die ganze DDR, die es Menschen aus allen Berufen, Lebenskreisen, Parteien und Gruppen möglich macht, sich an der Diskussion und Bearbeitung lebenswichtiger Gesellschaftsprobleme in diesem Land zu beteiligen. Für eine solche übergreifende Initiative wählen wir den Namen

NEUES FORUM

Die Tätigkeit des NEUEN FORUM werden wir auf gesetzliche Grundlagen stellen. Wir berufen uns hierbei auf das in Art. 29 der Verfassung der DDR geregelte Grundrecht, durch gemeinsames Handeln in einer Vereinigung unser politisches Interesse zu verwirklichen. Wir werden die Gründung der Vereinigung bei den zuständigen Organen der DDR entsprechend der VO vom 6.11.1975 über die "Gründung und Tätigkeit von Vereinigungen" (GBl I, Nr. 44, S. 723) anmelden.

Allen Bestrebungen, denen das NEUE FORUM Ausdruck und Stimme verleihen will, liegt der Wunsch nach Gerechtigkeit, Frieden und Demokratie sowie Schutz und Bewahrung der Natur zugrunde. Es ist dieser Impuls, den wir bei der kommenden

Umgestaltung der Gesellschaft in allen Bereichen lebensvoll erfüllt wissen wollen. Wir rufen alle Bürger und Bürgerinnen der DDR, die an der Umgestaltung unserer Gesellschaft mitwirken wollen, auf, Mitglieder des NEUEN FORUM zu werden. Die Zeit ist reif.

Die Erstunterzeichner:

Michael Arnold, Student, Leipzig; Bärbel Bohley, Malerin, Berlin; Katrin Bohley, Studentin, Berlin; Dr. Martin Böttger, Physiker, Cainsdorf; Dr. Erika Drees, Ärztin, Stendal; Katrin Eigenfeld, Bibliothekarin, Halle, Dr. Frank Eigenfeld, Geologe, Halle; Hagen Erkrath, Student, Berlin; Olaf Freund, Fotolaborant, Dresden; Katja Havemann, Heimerzieherin, Grünheide; Alfred Hempel, Pfarrer, Großschönau; Rolf Henrich, Jurist, Eisenhüttenstadt; Jan Hermann, Krankenpfleger, Brandenburg; Martin Klähn, Bauingenieur, Schwerin; Katrin Menge, Hochbauingenieurin, Berlin; Dr. Reinhard Meinel, Physiker, Potsdam; Otto Nickel, Drechsler, Dresden; Dr. Christine Pflugbeil, Ärztin, Berlin; Sebastian Pflugbeil, Physiker, Berlin; Reinhard Pumb, Krankenpfleger, Berlin; Dr. Eva Reich, Ärztin, Berlin; Prof. Dr. Jens Reich, Arzt und Molekularbiologe, Berlin; Hanno Schmidt, Pfarrer, Coswig; Reinhard Schult, Betonfacharbeiter, Berlin; Jutta Seidel, Zahnärztin, Berlin; Dr. Eberhard Seidel, Arzt, Berlin; Lutz Stroppel, Musikerzieher, Berlin; Dr. Rudolf Tschäpe, Physiker, Potsdam; Hans Jochen Tschiche, Pfarrer, Samswegen; Catrin Ulbricht, Dresden

→ Abb. 2+3: Gründungsaufruf „Aufbruch 89 – Neues Forum". Die Vereinigung sieht sich als politische Kommunikationsplattform und will das Schweigen im Land überwinden. Ausdrücklich betonen die Gründungsmitglieder, dass sie sich nicht als Partei, sondern als basisdemokratische Bewegung verstehen. Vorder- und Rückseite.

→ Alexanderplatz / Revolution auf der Straße

Die Gründung wurde selbstbewusst am 19. September unter Berufung auf die DDR-Verfassung offiziell angemeldet. Der Antrag auf Zulassung wurde mit der Begründung, die Vereinigung sei „verfassungs- und staatsfeindlich", abgelehnt, zudem bestünde keine gesellschaftliche Notwendigkeit für eine derartige Vereinigung. Die Forderung der Zulassung des Neuen Forums wurde ein weitverbreiteter Ruf auf Demonstrationen im ganzen Land. Trotzdem wurde die Vereinigung erst am 30. Januar 1990 offiziell zugelassen. Caroline Sperl

Die Krise der UdSSR und Gorbatschows Reformpolitik

Die Sowjetunion hatte Mitte der 1980er-Jahre mit ernsten wirtschaftlichen und politischen Problemen zu kämpfen. Der neue Parteichef Michail Gorbatschow setzte innenpolitische Reformen in Gang. Es war der verzweifelte Versuch, die Macht der kommunistischen Partei zu retten und das sowjetische Imperium zusammenzuhalten.

Während seine Reformen auf wirtschaftlichem Gebiet scheiterten, hatte Gorbatschows Politik der Offenheit (Glasnost) und Umgestaltung (Perestroika) durchaus politische Veränderungen für die Sowjetunion zur Folge. Durch die Lockerung der Zensur und der staatlichen Überwachung der Bevölkerung entstand erstmals seit der kommunistischen Revolution 1917 eine Art Gegenöffentlichkeit. Auch außenpolitisch verfolgte Gorbatschow einen Kurs der Öffnung und der Annäherung an den Westen. Er ermöglichte unter anderem eine Einigung mit den USA über die atomare Abrüstung. Ein Vertrag zwischen den beiden Supermächten des Kalten Krieges — kurz vorher noch undenkbar — trat am 1. Juni 1988 in Kraft.

Hinzu kam die Entscheidung der sowjetischen Führung, den Staaten in ihrem Einflussbereich größere innenpolitische Eigenständigkeit zuzugestehen. Diese konnten nun selbst entscheiden, ob sie sich dem Reformkurs Moskaus anschlossen. Das ermöglichte den Gegner*innen von Glasnost und Perestroika, wie der SED-Führung und den Regierungen der Tschechoslowakei, Bulgariens und Rumäniens, demokratische Veränderungen in ihren Ländern abzulehnen. Michail Gorbatschow wurde deshalb besonders in der DDR zu einem Hoffnungsträger der Opposition.

Innerhalb der Sowjetunion riefen die von Gorbatschow angestoßenen politischen Veränderungen auch Spannungen zwischen den Teilrepubliken hervor. Nach einer langen Phase der Stagnation nahmen Verteilungskämpfe um wirtschaftliche Ressourcen und politische Macht zu. Eine Folge waren verstärkte Forderungen nach nationaler Souveränität vor allem in den baltischen Staaten, dem Kaukasus und der Ukraine. Zusammen mit den wirtschaftlichen Problemen beförderte das den Zusammenbruch und Zerfall der Sowjetunion. Caroline Sperl

Solidarität und Öffnung: Polen und Ungarn als Vorbilder

Die Friedliche Revolution in der DDR war Teil einer Freiheits- und Reformbewegung in den Staaten des Ostblocks, die lange vor 1989 begann. Vor allem die Entwicklungen in Polen und Ungarn machten den Menschen in der DDR Hoffnung auf Veränderungen auch im eigenen Land.

Anfang der 1980er Jahre entstand in Polen aus einer Streikbewegung die unabhängige Gewerkschaft Solidarność (Solidarität). Innerhalb weniger Wochen

→ Abb. 1: „Wer zu spät kommt, den bestraft das Leben!" Diesen Satz soll Michail Gorbatschow dem SED-Chef Erich Honecker bei seinem Besuch anlässlich der Feierlichkeiten zum 40. Jahrestag der Gründung der DDR am 7.10.1989 mitgegeben haben. Die Aussage bezog sich auf die Verweigerung der SED-Führung auf den Reformkurs Gorbatschows einzuschwenken. Hier zu sehen: Gorbatschow und Honecker auf der Tribüne bei der Jubiläumsparade, 7.10.1989.

→ Abb. 2: Hoffnungsträger: Michail Gorbatschows Reformpolitik macht auch vielen Menschen in der DDR Hoffnung auf Veränderung. Auf vielen Demonstrationen im Herbst 1989 sind „Gorbi"-Rufe zu hören. Hier trägt ein Demonstrant in Leipzig ein Portrait Gorbatschows als Demoschild, 23.10.1989.

→ Abb. 3: Der ungarische Außenminister Gyula Horn (r.) und sein österreichischer Amtskollege durchtrennen am 27. Juni 1989 im ungarischen Sopron den Stacheldraht am gemeinsamen Grenzzaun. Die Bilder von der symbolischen Öffnung des Eisernen Vorhanges gehen um die Welt. Grenzsoldaten begannen aber bereits am 2. Mai mit dem Abbau der Sperranlagen.

→ Abb. 4: Lech Wałęsa, der Vorsitzende der Gewerkschaft Solidarność, wird von Anhängern der Solidarność-Bewegung in Krakau durch die Straßen getragen, 1980.

→ Abb. 5: Hunderte DDR-Bürger*innen nutzen die eigentlich symbolische Grenzöffnung beim sogenannten Paneuropäischen Picknick an der ungarisch-österreichischen Grenze zur Flucht in den Westen, 19.8.1989.

traten der Gewerkschaft zehn von 16 Millionen Werktätigen bei. Der große Zuspruch bedrohte die Alleinherrschaft der kommunistischen Staatspartei PZPR. Solidarność wurde 1984 verboten und ihre Anführer verfolgt. Nach einer Streikwelle im Mai 1988 wurde die Gewerkschaft wiederzugelassen und nahm Verhandlungen mit der kommunistischen Regierung auf. Im Juni 1989 kam es zu halbfreien Wahlen.

In Ungarn waren die Voraussetzungen für Wandel ungleich besser als im Rest des Ostblocks. Die ungarische Wirtschaft war stark von westlichen Krediten abhängig und die Regierung deshalb zu politischen Zugeständnisse gezwungen. Bereits ab Ende der 1970er-Jahre wurde eine Opposition toleriert, rechtsstaatliche

Mechanismen eingeführt und eine vorsichtige Öffnung zur Marktwirtschaft begonnen. Der Rücktritt des Parteichefs Janos Kádár im Januar 1988, der wesentlich die Niederschlagung des Volksaufstands von 1956 zu verantworten hatte, markierte einen Wandel auch an der Spitze des Staates.

Ein weiterer Schritt der Annäherung war der allmähliche Abbau der Sperranlagen an der Grenze zwischen Ungarn und Österreich. Als im August die Grenze für wenige Stunden geöffnet wurde, nutzten hunderte DDR-Bürger*innen die Gelegenheit, um in den Westen zu fliehen. Ihnen folgten in den kommenden Wochen tausende weitere Menschen aus der DDR. Mitte September entschied die ungarische Regierung, sie nicht mehr an der Flucht zu hindern. Andere suchten zeitgleich in den westdeutschen Botschaften in Budapest oder Prag Zuflucht. Auch ihnen wurde die Ausreise in den Westen ermöglicht. Dieser Massenexodus verschärfte die innenpolitische Krise in der DDR erheblich und ebnete der Friedlichen Revolution den Weg. Caroline Sperl

Flucht vor dem „realen Humanismus"

Als im Mai 1989 in Ungarn die Grenzanlagen zu Österreich abgebaut wurden, gingen diese Bilder um die Welt. In der DDR lösten sie eine Fluchtwelle aus, wie es sie seit 1953 nicht mehr gegeben hatte. Immer mehr Menschen waren bereit, ihr bisheriges Leben hinter sich zu lassen, um der Diktatur den Rücken zu kehren. Sie setzten das SED-Regime damit massiv unter Druck.

Allein von Januar bis November 1989 wurden 125.400 Ausreiseanträge gestellt. Auch Flucht — über Ungarn oder die Botschaften der Bundesrepublik in Budapest, Warschau oder Prag — wurde zum Massenphänomen. Viele derjenigen, die noch im Land waren und auf die Bewilligung ihres Antrages warteten, begannen sich zu organisieren. In Leipzig etwa machten sie einen großen Teil der ersten Montagsdemonstrationen aus.

Zwischen 1945 und 1961 flüchteten etwa dreieinhalb Millionen Menschen aus der Sowjetischen Besatzungszone und der DDR in die Bundesrepublik — mit gravierenden Folgen für Wirtschaft und Gesellschaft. Die vermeintliche Lösung: die komplette Abriegelung durch die Berliner Mauer und ein tödliches Grenzregime. Doch bis zum Jahr 1988 verließen etwa 625.000 weitere Menschen die DDR. Über 40.000 davon gelang die Flucht über die Grenze, dem Rest wurde die Ausreise genehmigt. Wie viele Fluchtversuche scheiterten, ist nicht genau bekannt.

Seit 1983 gab es ein formales Recht auf einen Antrag auf Ausreise. Dennoch wurden die Antragsteller*innen diskriminiert und kriminalisiert. Die betreffende Verordnung enthielt auch zahlreiche Gründe für die Ablehnung. „Die DDR geht grundsätzlich davon aus", hieß es in einem geheimen Schulungsmaterial des Innenministeriums 1984, „dass es im Sozialismus keine objektiven gesellschaftlichen Ursachen dafür gibt, dass ein Bürger der DDR seinen sozialistischen Staat verlassen muss. Denn der Sozialismus ist die Gesellschaft des realen Humanismus." Das sahen Hunderttausende ganz anders. Ihre Entscheidung, die DDR zu verlassen, wurde zum Dauerproblem der Diktatur, das sich 1989 noch einmal besonders zuspitzte. Caroline Sperl

→ Abb. 1: Freude und Erleichterung: Flüchtlinge aus der DDR kommen am 5.10.1989 auf dem Messe-Bahnhof in Hannover an, nachdem sie zuvor mit einem Sonderzug aus Prag über das Staatsgebiet der DDR gereist sind.

„Wir sind mit dem Wagen so nah wie nur möglich an die ungarisch-österreichische Grenze gefahren. Dann sind wir Richtung Grenze gelaufen, fast mehr als 24 Stunden, durch den Wald und ein Maisfeld. Dort haben wir auch die Nacht verbracht. Wir hatten nicht einmal ein Fernglas dabei. Auch kein Wasser. Die Grenztürme waren nicht besetzt, das haben wir irgendwann sehen können. Am Ende konnten wir den Grenzzaun mit einem Fußtritt durchtreten. Der Stacheldraht war verrostet. Ich habe mir als Erinnerung zwei Stück in die Tasche gesteckt und gedacht: Jetzt hast du es gleich geschafft."

→ Stefan Schubert, *1955,
Flucht im Sommer 1989

→ Abb. 2: Eine verzweifelte Mutter protestiert mit einem Pappschild am Grenzübergang Checkpoint Charlie in der Friedrichstraße in West-Berlin für die Ausreise ihrer Tochter aus der DDR, August 1986.

Olaf Freese

→ geb. 1968, 1989 Bühnentechniker am Berliner Ensemble in Ost-Berlin, heute Lichtgestalter an der Staatsoper Unter den Linden.

Ein Treppenwitz der Weltgeschichte

Ich erinnere mich, dass 1989 die Situation im Berliner Ensemble sehr angespannt war, weil in den Theatern mehrheitlich politisch sehr engagierte Menschen unterwegs waren. Wir waren schon immer gewohnt, mit Verboten, Repressalien, mit Zensur umzugehen, uns irgendwie auszudrücken und gesellschaftliche Wahrheiten auf die Bühne und an die Zuschauer zu bringen. Die Menschen waren politisch aktiv. Eine Woche vor der großen Demonstration am 4. November gab es Leute aus unserem Ensemble, die spontan eine Demonstration anmelden wollten. Ein ungeheuerlicher Vorgang für DDR-Verhältnisse.

Wir wurden dann eingeladen ins Deutsche Theater, wo es eine Sitzung gab, auf der beraten werden sollte, wie wir das Ganze gestalten. Die Motivation für die Veranstaltung war, dass wir es nicht länger hinnehmen wollten, dass die Leute mit den Füßen abstimmten und das Land verließen. Auch aus meinem direkten Arbeitsumfeld fehlten schon einige. Und tatsächlich, zu unser aller Überraschung wurde die Demonstration genehmigt. Wir haben uns kapriziert auf die Theaterschaffenden in Berlin und mit 10.000 Leuten gerechnet. Was es dann tatsächlich wurde, stand in keinem Verhältnis zu unseren Vorstellungen. Es war das prägende Thema, dass man unbedingt vermeiden müsse, dass die Gewalt eskalierte, egal von welcher Seite.

Später wurden wir von den ausländischen Medien als furchtlose Demonstranten tituliert. In meiner Erinnerung waren wir aber alles andere als furchtlos. Ich zum Beispiel hatte ziemliche Angst. Die Bilder vom 7. Oktober, wo die Berliner Demonstranten während des Besuches von Gorbatschow brutal verhaftet worden waren, hatten wir alle im Kopf. Wir wussten also, was passieren könnte und dass damit unser weiteres Leben in der DDR schwierig werden könnte.

Es gab so eine grün-gelbe Schärpe, auf der stand „Keine Gewalt", und Theaterschaffende und vor allem -techniker sollten diese Schärpe tragen und Ruhe in die Veranstaltung bringen. Das haben wir auch gemacht. Ich war eingeteilt für die Sicherheit der Redner. Es ist natürlich besonders lustig, wenn ein 21-jähriger Mann mit einer grün-gelben Schärpe für die Sicherheit von Markus Wolf (Chef der DDR-Spionageabwehr, Anm. d. Red.) sorgen soll, für einen weltweiten Top-Spion des Warschauer Paktes — ein Treppenwitz der Weltgeschichte.

Das Erschrecken über diese Stasiverwicklungen, die dann ans Licht kamen, war schon gigantisch. Aber uns war immer klar, dass man in der DDR kein Oppositioneller oder überhaupt ein politisch handelnder Mensch sein konnte, ohne mit der Stasi in Berührung zu kommen. Auch ich persönlich hatte mehrfach Kontakt. Die haben dauernd vor der Tür gestanden und immer wieder nach diesem und jenem gefragt. Diese geheimnisvolle Krake Stasi war gar nicht so geheimnisvoll. Nicht alle waren versteckt, man hat einen Großteil der Menschen sehen können. Die waren ja permanent vorhanden. Ich glaube, dass das auch so sein sollte, dass man sie erkennt und dass man immer das Gefühl hat, da ist noch jemand, der guckt auf dich, der ach-

tet auf die Nachbarn. Insofern war auch klar, dass diese ganze politische Opposition unterwandert war. Aber als die einzelnen Fälle herauskamen, war ich doch relativ entsetzt, wie stark das auch in Freundschaften und Familie eingesickert war.

Letztendlich haben sich die Hoffnungen, die ich 1989 gehabt habe, dass wir eine wirklich demokratische sozialistische Gesellschaftsordnung neuer Prägung aufbauen können, dass wir dazu die Kraft und die Talente und die Zeit haben, nicht bewahrheitet. Sie sind einer großen Enttäuschung gewichen. Für mich war damals prägend, wie „Wir sind das Volk" der Leipziger Montagsdemonstrationen umgeschlagen ist in „Wir sind ein Volk". Im Prinzip ist da eine völlig neue Richtung eingeschlagen worden, nämlich von der Befreiung von der sozialistischen Diktatur in einer Hinwendung zur alten Bundesrepublik — und zwar kompromisslos und ohne zu überprüfen, was das für uns bedeutet.

Ich glaube, dass damals Helmut Kohl und die CDU und die alte BRD von dieser Entwicklung selbst überrascht waren. Mir sind diese Rufe von unseren sächsischen Mitbürgern „Helmut, Helmut!" oder auch „Kommt die D-Mark nicht zu mir geh ich zu ihr!" so im Gedächtnis geblieben. Diese Sprüche haben mich damals wahnsinnig entsetzt und waren das Ende aller meiner politischen Hoffnungen. Die CDU, die es praktisch gar nicht gab in der DDR, eine Mitläuferpartei der SED, war plötzlich Wahlsieger. Es war einfach klar, es ist jetzt vorbei. Die können den Einigungsvertrag machen, ohne noch auf irgendjemanden in der DDR Rücksicht zu nehmen, weil das Votum so klar war: Wir wollen ganz schnell zu euch auf den Schoß. Wenn ich das heute im Rückblick betrachte, war das damals für mich die absolute Ernüchterung, politisch. Persönlich war es eine Befreiung, weil ich eine berufliche Karriere einschlagen konnte, die in der DDR niemals möglich gewesen wäre.

Man sieht ja auch, dass sich jetzt, 30 Jahre später, die Lebensverhältnisse langsam angleichen und wir neue Probleme bekommen vom rechten Rand, die ich niemals für möglich gehalten hätte. Man sieht, dass die Einheit immer noch nicht durch ist, dass es auch noch viele Jahre dauern wird. Doch ich bin optimistisch, dass zumindest das gelingt. Aber ich bin der festen Überzeugung, dass wir uns das Zusammenwachsen der beiden Länder einfacher hätten machen können, indem man stärker aufeinander zugegangen wäre und nicht einfach nur eine Übernahme durchgeführt hätte. Meine Freunde und ich hätten uns im Traum nicht vorstellen können, dass wir uns einfach dem Bundesgebiet anschließen. Das war in unserer politischen Vita gar nicht vorgesehen. Als der Anschluss zugunsten der Einführung der D-Mark beschlossen wurde, war ich politisch tot für die nächsten Jahre. Und ehrlich gesagt, habe ich das meinen sächsischen Mitbürgern bis heute nicht verziehen.

Die Wirklichkeit hatte auch das Theater überholt. Wenn ich heute Theater mache, führe ich manchmal Diskussionen mit Theatermachern, ob Theater eine politische Institution ist oder nicht. Das wäre für uns vor 30 Jahren überhaupt nicht vorstell-

bar gewesen, so ein Diskurs: Natürlich ist Theater eine politische Institution, und natürlich machen wir es auch deshalb! Das hat sich heute komplett verändert. Ein bisschen trauere ich dieser Wichtigkeit des Theaters nach. Mit dem Mauerfall war das vorbei. Da war der politische Diskurs in den Theatern selbst nicht zum Erliegen gekommen, aber er fand nicht mehr zwischen dem Publikum und den Theaterleuten statt.

→ Olaf Freese im Sommer 1989 in Berlin.

Brandenburger Tor Die Öffnung der Mauer

Noch am Morgen des 9. November 1989 hätte es niemand für möglich gehalten, dass in der folgenden Nacht tausende Menschen auf und vor der Mauer am Brandenburger Tor tanzen und die Öffnung der Grenze feiern würden, die Berlin, Deutschland und Europa 28 Jahre lang teilte.

Mit einem neuen Reisegesetz wollte die SED-Führung die Proteste und die anhaltende Massenflucht eindämmen. Eher beiläufig gab Regierungsvertreter Günter Schabowski am frühen Abend des 9. November 1989 eine neue Reiseregelung bekannt. Das Westfernsehen meldete in den Hauptnachrichten eine Stunde später: „DDR öffnet Grenze". Daraufhin fanden sich Ost-Berliner*innen an den innerstädtischen Grenzübergängen der Berliner Mauer ein und erzwangen noch am selben Abend die Öffnung der Grenze.

Auch West-Berliner*innen strömten zur Mauer, um sich ein Bild der Lage zu machen. Obwohl es am Brandenburger Tor keinen Grenzübergang gab, zog es tausende Menschen zu dem Symbol der Teilung Deutschlands und Europas. Menschen besetzten die hier etwa drei Meter hohe Mauer und begannen mit Hämmern und Meißeln mit deren Abbau. Auch von der Ostseite kamen immer mehr Menschen. Die Grenztruppen zogen sich schließlich zurück und die Menschen konnten erstmals seit der Teilung wieder durch die Säulen des Berliner Wahrzeichens spazieren. Die Jubel- und Freudenszenen dieser Nacht gingen um die Welt.

→ Abb. 1: Bau der Mauer am Brandenburger Tor: Aufstellung von Mauersegmenten durch Militär- und Baufahrzeuge. Sommer/Herbst 1961.

→ Abb. 2: Menschen auf der Mauer vor dem Brandenburger Tor, 10.11.1989

„Ich habe am Brandenburger Tor auf der Mauer gestanden. Das war ein Erlebnis, das man nie vergisst. Es war so viel Freude in der Luft. Später am Abend sind Sektflaschen geöffnet worden. Es wurde auf der Mauer gefeiert und den Grenzsoldaten ein Glas angeboten, das sie natürlich nicht angenommen haben. Bürger aus West-Berlin sind runtergesprungen und die, die Grenzsoldaten in den Arm nehmen wollten, wurden höflich wieder auf die Mauer zurückgehoben. Diese überwältigende Freude, wie sich alle in den Armen gelegen haben!"

→ Alexander Dohnke, *1974,
West-Berliner Jugendlicher

Die Berliner Mauer fällt

„Wir fluten jetzt. Wir machen alles auf." Mit diesen Worten eines Grenzoffiziers wurde am 9. November 1989 gegen 23.30 Uhr an der Bornholmer Straße in Berlin der erste Grenzübergang geöffnet. Der Schlagbaum wurde beiseitegeschoben, alle Kontrollen wurden eingestellt. Doch wie kam es dazu?

Seit dem Sommer 1989 war die Fluchtbewegung aus der DDR nicht mehr abgerissen. Allein in den ersten Novembertagen verließen Zehntausende das Land. Die Führung der kommunistischen Staatspartei SED musste erkennen, dass die Situation unhaltbar geworden war. Um die Massenflucht zu stoppen und die immer lauter werdenden Proteste für demokratische Veränderungen im Land einzudämmen, kündigte die SED-Führung ein neues Reisegesetz an.

Am späten Nachmittag des 9. November 1989 gab Regierungsvertreter Günter Schabowski auf einer internationalen Pressekonferenz die liberalste Reisebestimmung der DDR seit dem Mauerbau bekannt: Besuchsreisen ins westliche Ausland sollten nun mit Pass und Visum für alle möglich sein. Die neue Reiseregelung hätte eigentlich erst am folgenden Tag in Kraft treten sollen. Überrumpelt von der Nachfrage eines Reporters behauptete Schabowski jedoch vor laufenden Kameras, dass die Regelung „ab sofort" und „unverzüglich" gelte.

Die Pressekonferenz wurde im DDR-Fernsehen live übertragen. Eine Stunde später meldete das Westfernsehen in den Hauptnachrichten: „DDR öffnet Grenze". Immer mehr Ost-Berliner*innen versammelten sich an den Übergangsstellen der Berliner Mauer. Sie drängten das überraschte Personal dazu, die neue Reiseregelung sofort umzusetzen. Auch West-Berliner*innen kamen an die Übergänge.

„Da war so ein kleiner Grenzübergang Invalidenstraße, mit Menschenmassen und lauter Trabis. Wir haben uns durchgedrängelt. Irgendwann ist da der Bahnhof, dann war gar nichts, das war Brachland. Es gab keine Läden, nichts. Da war nichts und man stand in West-Berlin. Der erste West-Berliner, den wir sahen, war ein Jeansjackentyp mit Schnauzbart und Vokuhila-Haarschnitt, ein Sechserpack in der Hand. Der guckte die Leute an und sagte ganz verächtlich: ‚Scheiß Ostler'. Na ja, da sind wir gleich wieder zurück."

→ Daniel Fröhlich, *1968, Musiker der Ost-Berliner Punkgruppen „Einsatz", „Zerfall" und „Timm Reefke hat Vertrauen"

→ Abb. 1: Ein Sonderzug mit DDR-Flüchtlingen aus der bundesdeutschen Botschaft in Warschau trifft auf dem Bahnhof Helmstedt ein, 1.10.1989.

→ Abb. 2: „Sofort, unverzüglich": Günter Schabowski (2. v. r.) während der historischen Pressekonferenz am 9.11.1989 in der Mohrenstraße 36/37.

→ Abb. 3: Die Mauer ist offen: Menschenmassen am Grenzübergang Invalidenstraße, 9.11.1989.

„Wir wollen rein!" riefen sie, „Wir wollen raus!" skandierten die Menschen auf der anderen Seite. Schließlich gaben die Grenzer dem Druck der Menge nach.

Kurz nach Mitternacht waren alle Berliner Grenzübergänge offen. Nach 28 Jahren waren jene Grenzen überwunden, die Berlin, Deutschland und Europa teilten. Westliche Fernsehprogramme sendeten Bilder vom Mauerfall in die ganze Welt. Tom Sello

Die Revolution im Fernsehen

Am 9. November 1989 verkündete die bekannteste westdeutsche Nachrichtensendung „Tagesschau" um 20.00 Uhr: „DDR öffnet Grenze". Zu diesem Zeitpunkt befanden sich gerade einmal etwa 80 Ost-Berliner*innen an innerstädtischen Grenzübergängen, um sich ein Bild der Lage zu verschaffen, die zunächst keinesfalls nach Grenzöffnung aussah. Auch die DDR-Nachrichten hatten eine neue Reiseregelung verkündet, was allerdings anscheinend keine große Resonanz hervorrief. Ganz anders die Meldung in der „Tagesschau". Innerhalb kürzester Zeit strömten nun immer mehr Menschen zu den Grenzübergangsstellen, um zunächst zu sehen, ob die Nachricht stimmte und dann ihren Wahrheitsgehalt selbst einzufordern. Aus Hunderten, die zu den Übergängen drängten, wurden Tausende und schließlich konnten die Sicherheitskräfte dem Druck nicht mehr standhalten und mussten die Grenzen öffnen. Die Mauer fiel.

Entscheidenden Anteil daran hatten die Westmedien, die aus den Meldungen der berühmten Pressekonferenz am selben Abend ihre eigenen Schlussfolgerungen zogen und eigenmächtig interpretierten, dass die dortigen Aussagen die

→ Abb. 2: Ein Kamerateam des US-amerikanischen Fernsehsenders CBS ist vor Ort, als der Grenzübergang Invalidenstraße geöffnet wird in der Nacht vom 9. auf den 10.11.1989.

→ Abb. 1: Während der offiziellen Feierlichkeiten zum 40-jährigen Bestehen der DDR versammeln sich Tausende DDR-Bürger*innen, um für mehr Freiheit zu demonstrieren. Die Sicherheitskräfte gehen brutal gegen Demonstrant*innen vor. Anlässlich des Jubiläums sind auch Medienvertreter*innen aus dem Westen anwesend und dokumentieren die Gewalt, 7.10.1989.

→ Abb. 3: Auch der weitere Verlauf der Dinge in Berlin wird von Medien aus aller Welt beobachtet, 14.11.1989.

sofortige Öffnung der Grenze bedeuten würden. Über Agenturmeldungen wurde die Nachricht verbreitet und schließlich in der „Tagesschau" und den „Tagesthemen" live gesendet, was den Ansturm auf die Grenzübergänge auslöste. Doch nicht nur am 9. November spielten die Westmedien eine wichtige Rolle für die Friedliche Revolution.

Oppositionelle Gruppen in der DDR nutzten schon länger Kontakte zu westlichen Medienvertreter*innen, um über deren Berichterstattung Druck auf die SED-Führung auszuüben. Auch im Sommer und Herbst 1989 fanden wichtige Ereignisse über die Westmedien Verbreitung. So filmten Westmedien am 4. September 1989 die erste Montagsdemonstration in Leipzig. Die Bilder liefen abends in der „Tagesschau". Als am 7. Oktober, dem 40. Jahrestag der DDR-Gründung, eine Demonstration Reformen forderte und gewaltsam aufgelöst wurde, waren ebenfalls westliche Filmteams vor Ort. Und auch die entscheidenden Bilder der Montagsdemonstration vom 9. Oktober 1989 fanden ihren Weg ins Westfernsehen, diesmal allerdings geschmuggelt. Henning Wellmann

→ Abb. 4: Erinnerungsstätte für die Todesopfer der Berliner Mauer nahe dem Reichstag, 11.8.1979.

→ Abb. 5: Besucher am Mahnmal von Bernd Lünser, Bernauer Straße, um 1962.

Opfer der Mauer

Die SED nahm die Fluchtbewegung aus der DDR in Richtung Westen als eine Form der Rebellion gegen ihre Herrschaft in der DDR wahr und versuchte sie mit allen Mitteln zu unterbinden. Die Grenzsoldaten hatten Befehl, auf Flüchtlinge zu schießen, wenn sie anders eine Flucht nicht verhindern konnten. Um dem zu entgehen, nahmen einige Flüchtlinge Gefahren auf sich. Insgesamt kamen an der Berliner Mauer zwischen 1961 und 1989 mindestens 140 Menschen zu Tode. Schon vor dem Mauerbau waren dem DDR-Grenzregime in Berlin 39 Menschen zum Opfer gefallen. Dazu kommt eine unbekannte Anzahl von Todesopfern an der Grenze zwischen der DDR und der Bundesrepublik und auf der Ostsee. Einige DDR-Bürger, die über Drittstaaten zu fliehen versuchten, kamen dort zu Tode. Von den 140 Todesopfern an der Berliner Mauer waren 101 Flüchtlinge, von denen 68 erschossen wurden, die anderen verunglückten bei der Flucht. Weitere wurden erschossen, weil Grenzsoldaten sie versehentlich für Flüchtlinge gehalten hatten, oder weil sie von West-Berlin aus in den Grenzstreifen geraten waren. Acht Grenzsoldaten kamen im Dienst an der Mauer zu Tode.

Neben den Todesopfern gab es andere Opfer des DDR-Grenzregimes. Bei den Zwangsaussiedlungen an der innerdeutschen Grenze 1952 und 1961 mussten über 10.000 Menschen Hals über Kopf ihre Wohnungen verlassen und wurden in andere Teile der DDR verbracht. Nach dem Mauerbau wurden in Berlin die Häuser, die nahe der Grenze standen, ebenfalls von ihren Bewohner*innen geräumt. Aus den Grenzgebieten an Mauer und Grenze konnten jederzeit missliebige Personen von der Polizei ausgewiesen werden; ihre Zahl ist nicht bekannt.

Außerdem wurden vermutlich 75.000 Menschen verhaftet, weil sie eine Flucht vorbereitet oder versucht hatten. Sie erhielten zumeist Haftstrafen zwischen mehreren Monaten und mehreren Jahren. Dabei zählte es schon zu den verschärfenden Tatbeständen, die zu längeren Haftstrafen führten, wenn Flüchtlinge bei der Festnahme beispielsweise eine Drahtschere dabei hatten, um die Grenzzäune durchschneiden zu können. Gerhard Sälter

→ Abb. 1: Mahnwache am Todesort von Günter Litfin, dem ersten erschossenen Flüchtling an der Berliner Mauer, Humboldt-Hafen, 1961.

→ Abb. 2: Bilder wie diese prägen die Zeit des Kalten Krieges: Militärparaden, auf denen die jeweilige Überlegenheit demonstriert werden soll. Das Wettrüsten der Blöcke droht mehrmals einen dritten Weltkrieg auszulösen – aufgrund der nuklearen Arsenale mit verheerenden Konsequenzen. Hier zu sehen: Militärparade in Moskau, 1961.

Kalter Krieg und Eiserner Vorhang

Der 9. November 1989 war nicht nur einer der bedeutendsten Tage der deutschen Geschichte. Der Fall der Berliner Mauer hatte weltpolitische Konsequenzen. Bis 1989 war Europa durch einen „Eisernen Vorhang" in eine westlich-kapitalistische und eine östlich-kommunistische Einflusssphäre getrennt, wie der vormalige britische Premierminister Winston Churchill diese Teilung schon 1946 beschrieb. Seit Ende des Zweiten Weltkriegs herrschte der sogenannte Kalte Krieg. Gegenüber standen sich die liberal-demokratisch, marktwirtschaftlich ausgerichteten Staaten unter Führung der USA und die kommunistischen Staaten unter Führung der Sowjetunion. Diese Frontstellung dominierte die Weltpolitik über vierzig Jahre lang.

Beide Staatenblöcke kämpften Jahrzehnte lang um den Erhalt und Ausbau ihrer jeweiligen Einflussgebiete. Mittels Propaganda, Spionage und Drohungen wurde ein globaler Systemwettstreit ausgetragen, der vor allem durch eine Spirale des Wettrüstens immer wieder Gefahr lief, in einen „heißen", also offen gewaltsamen Krieg zu eskalieren. Stellvertreterkriege im asiatischen, südamerikanischen und afrikanischen Raum forderten Millionen Menschenleben.

Mit den Versuchen Michail Gorbatschows ab Mitte der 1980er-Jahre, die Sowjetunion aus einer tiefen wirtschaftlichen und politischen Krise zu führen, erfolgte schließlich eine Annäherung der beiden Blöcke. Gorbatschows Kurs der Öffnung und Annäherung konnte die Krisen im eigenen Land allerdings nicht entschärfen — im Gegenteil: Er gab einerseits den Freiheitsbewegungen in den Ländern des Ostblocks Auftrieb und führte andererseits zu innenpolitischen Verwerfungen. Zudem konnten die wirtschaftlichen Probleme nicht gelöst werden. Die Sowjetunion befand sich in einem Zerfallsprozess.

Die Öffnung der Mauer schaffte schließlich Tatsachen, die sich kaum rückgängig machen ließen. Eine Wiedervereinigung der beiden deutschen Staaten kam auf die Tagesordnung, womit die Sowjetunion ihre wichtige Kontrolle über die DDR endgültig verlieren würde. Nur wenige Wochen nach der Deutschen Einheit wurde mit der „Charta von Paris" eine neue Friedensordnung verhandelt, die als Ende des Kalten Kriegs gelten kann. Henning Wellmann

„Samtene Revolutionen": Der Verzicht auf Gewalt

Der Umbruch im Jahr 1989 war ein friedlicher. Nichts hebt die Ereignisse in Ostmitteleuropa so sehr aus der Geschichte der Revolutionen heraus wie ihr gewaltfreier Verlauf. Die kommunistischen Regime ließen nicht auf Demonstrant*innen schießen, um ihre Macht zu verteidigen; die siegreichen Kräfte übten keine Rache für die Jahrzehnte der Unterdrückung; rivalisierende Gruppen trugen ihren Konkurrenzkampf nicht mit Waffen aus. Dies war alles andere als selbstverständlich: 1956 hatte die sowjetische Armee den Aufstand in Ungarn niedergeschlagen; 1968 unterdrückten Truppen des Warschauer Pakts unter sowjetischer Führung die reformsozialistische Bewegung in der Tschechoslowakei; in Polen waren 1956, 1970 und 1976 Revolten erstickt worden und 1981 hatte General Jaruzelski das Kriegsrecht ausgerufen.

Auch 1989 war der Gewaltverzicht keineswegs selbstverständlich. So wie die DDR-Führung erwogen hatte, die Demonstration in Leipzig am 9. November 1989 gewaltsam aufzulösen, so waren am 21. November Einheiten der tschechoslowakischen Volksmiliz nach Prag gebracht worden. Doch sie wurden nicht eingesetzt. Die herrschenden Parteien verzichteten einfach auf ihren Machtanspruch, schrittweise wie in Polen und Ungarn, oder in einem plötzlichen Kollaps wie in der Tschechoslowakei. Erheblich dazu beigetragen hat, dass die Demonstranten selbst Gewaltverzicht zu ihrem Programm gemacht hatten. Die Sammlungsbewegung in der Slowakei drückte es bereits in ihrem Namen aus: „Öffentlichkeit gegen Gewalt".

Entscheidend aber war, dass die Sowjetunion den Parteiführungen in Ostmitteleuropa die Unterstützung entzogen hatte. Sie mussten fürchten, einen gewaltsamen Kampf gegen das aufgebrachte Volk zu verlieren und später zur Rechenschaft gezogen zu werden. Dass die Geschichte auch anders hätte verlaufen können, zeigt der Blick nach Rumänien. Dort kamen im Dezember 1989 bei Schusswechseln in Timișoara und Bukarest über 1000 Menschen ums Leben, der Diktator und seine Ehefrau wurden nach einem kurzen Schauprozess hingerichtet. Auch in Georgien (April 1989) und Litauen (Januar 1991) gab es je mehr als ein Dutzend Tote, als sowjetische Einsatzkräfte Demonstrationen auflösten. Volker Weichsel

→ Abb.1: In Berlin stehen sich die verfeindeten Blöcke des Kalten Krieges unmittelbar gegenüber. Nur wenige Meter trennen die gegnerischen Truppen voneinander, wie hier am Checkpoint Charlie in Berlin zu sehen, wo im Oktober 1961 US-amerikanische Panzer auffahren. Nur eine Querstraße weiter beginnt der sowjetische Sektor.

→ Abb. 2: Eine der bekanntesten Folgen der Blockkonfrontation für Berliner*innen: Die Berlin-Blockade 1948/49. Sowjetische Truppen riegeln die Versorgungswege für West-Berlin ab. Die sogenannten „Rosinenbomber" der US-Streitkräfte versorgen die West-Berliner Bevölkerung über den Luftweg. Hier verfolgen Berliner*innen die Landung eines Versorgungsflugzeugs auf dem Flughafen Tempelhof, 1948.

![KEINE GEWALT]

→ Abb. 3: Bei einer Montagsdemonstration in Leipzig am 13.11.1989 stehen Teilnehmer*innen mit einem Spruchband „Keine Gewalt" vor dem Gebäude der Staatssicherheit.

→ Abb. 4: Auch der Umsturz in der Tschechoslowakei verläuft fast ohne Gewalt. Zehntausende versammeln sich immer wieder friedlich, um demokratische Reformen einzufordern, wie hier in Prag am 27.11.1989.

→ Abb. 5: In Rumänien verläuft der Sturz des kommunistischen Regimes nicht friedlich. Im Dezember 1989 kommt es zu schweren Kämpfen zwischen Unterstützer*innen und Gegner*innen der Regierung, vor allem in Bukarest und, wie hier zu sehen, in Timișoara, 24.12.1989.

→ Abb. 1: Internationale Solidarität und Vernetzung waren wichtig für die Arbeit der Bürgerrechtsbewegungen in den Ländern des Ostblocks: Hier singt der aus der DDR ausgewiesene Liedermacher und Kritiker des SED-Regimes Wolf Biermann auf einer Solidaritätsveranstaltung für die tschechoslowakische Bürgerrechtsbewegung Charta 77 in Frankfurt am Main in der Bundesrepublik. Ganz links im Bild ist der Studentenführer Rudi Dutschke zu sehen, 27.3.1977.

„Es ist in der Diktatur der schönste und erhabenste Moment, wenn die Angst die Seiten wechselt. Wenn die Unterdrückten keine Angst mehr haben, nicht mehr warten wollen, und diejenigen, die noch kurz zuvor das Regime mit der Waffe in der Hand verteidigt hätten, dazu nicht mehr bereit sind. In dem Maße, wie die Menschen ungeduldiger und unruhiger werden, wächst der Druck. Die Stasi-Offiziere werden in ihren Hauptquartieren angerufen, aber es gibt keine Befehle. Es gibt in dieser Nacht nur den Befehl der Ventillösung: Die Stasi soll die vermeintlichen Rädelsführer herausfischen, einen Stempel neben das Passbild setzen und sie auf diese Weise ausbürgern. Aber das funktioniert nicht.“

→ Abb. 2: Der Oppositionelle Václav Havel winkt am 24.11.1989 einer riesigen Menschenmenge in Prag. Ende desselben Monats wird er zum Staatspräsidenten gewählt, bis Mai 1989 saß er noch im Gefängnis.

→ Georg Mascolo, *1964, Journalist bei Spiegel TV

→ Abb. 3: Aus einzelnen Widerstandsaktionen wird Massenprotest: Hunderttausende demonstrieren am 4.11.1989 auf dem Ost-Berliner Alexanderplatz für demokratische Reformen.

Die Macht der Ohnmächtigen: Bürgerrechtsbewegungen

Adam Michnik und Lech Wałęsa, Václav Havel, Anna Šabatová und Miroslav Kusý, György Konrád und Ágnes Heller, Ljudmila Alexejewa, Andrej Sacharov und Tomas Venclova. Zehn Namen, die für Tausende weitere stehen. Frauen und Männer, Schriftsteller*innen, Elektromechaniker*innen und Atomphysiker*innen, Menschen der unterschiedlichsten Herkunft schlossen sich in katholischen Zirkeln, Arbeiterkomitees und Diskutierklubs zusammen. Sie wurden entlassen, verhaftet, verbannt, ins Exil getrieben. Sie hatte nichts als ihren unbeugsamen Glauben an die Freiheit des Einzelnen und die Macht der historischen Wahrheit. Und sie hatten eines gemeinsam: Sie beriefen sich auf das Recht und maßen die kommunistischen Regime an deren eigenen Ansprüchen. Diese waren in den Verfassungen niedergelegt, vor allem aber hatten sich die kommunistischen Staaten Osteuropas in der KSZE-Schlussakte von 1975 auf die Einhaltung von Menschen- und Bürgerrechten verpflichtet. Darauf berief sich die Charta 77 in der Tschechoslowakei ebenso wie die Helsinki-Komitees, die in mehreren Republiken der Sowjetunion gegründet wurden.

Überall im kommunistischen Ostmittel- und Osteuropa blieben die Bürgerrechtsbewegungen kleine Gruppen. Ihre Schriften, die sie wegen der Zensur unter großen Risiken im Selbstverlag (Samizdat) publizierten, erreichten nur kleine Teile der Bevölkerung. Nur in Polen war die Lage ganz anders. Dort hatte die Gewerkschaft Solidarność Mitte der 1980er-Jahre zehn Millionen Mitglieder — die größte soziale Bewegung Europas nach dem Zweiten Weltkrieg. Die Bürgerrechtler*innen hätten die kommunistische Herrschaft alleine nicht zu Fall bringen können, schon gar nicht, wenn die Regime entschlossen gewesen wären, ihre Macht um jeden Preis zu erhalten. Zum Umbruch kam es erst, als 1989 Hunderttausende auf die Straßen gingen. Doch sie hatten die Ideen und den Mut des Jahres 1989 vorweggenommen und konnten die Hoffnungen der Menschen in einem historischen Augenblick bündeln. Nichts zeigte dies so eindrücklich wie die Wahl des erst Monate zuvor aus dem Gefängnis entlassenen Václav Havel zum Präsidenten der Tschechoslowakei. Volker Weichsel

Protest gegen Umweltzerstörung

Weite Teile des kommunistischen Osteuropa waren im Jahr 1989 von einer verheerenden Umweltzerstörung gekennzeichnet. Vielerorts waren nach vier Jahrzehnten rücksichtsloser Ausbeutung die natürlichen Lebensgrundlagen erschöpft. Millionen Menschen litten unter der Luftverschmutzung, die das Heizen und die Stromgewinnung mit Braunkohle verursachten. Die Flüsse waren vergiftet, die Wälder starben. Staudammprojekte in Sibirien und die Braunkohleförderung in Ostdeutschland und Nordböhmen hatten ganze Landschaften verschwinden lassen. Die Staatsmacht verschwieg die Auswirkungen auf die Gesundheit der Menschen und unterdrückte die Diskussion über Alternativen.

Auch die Sowjetführung wollte den Atomunfall im nordukrainischen Tschernobyl im Jahr 1986 zunächst kaschieren. Doch das Ausmaß der Katastrophe war zu groß, sie ließ sich nicht geheim halten. Das ökologische Desaster und die Politik der Vertuschung unterminierten das Vertrauen in die kommunistische Herrschaft. So entstand nicht zuletzt bei der Suche nach der Wahrheit über die Umweltzerstörung jene Zivilgesellschaft, die 1989 ihre Stimme erhob.

Meist war die Umweltfrage eng mit der nationalen Frage und zwischenstaatlichen Konflikten verbunden. In Ungarn protestierten viele Menschen gegen ein geplantes slowakisches Wasserkraftwerk an der Donau. In Bulgarien war das 1988 gegründete „Komitee für den Schutz von Russe" eine der ersten zivilgesellschaftlichen Organisationen. Es forderte, dass die Vergiftung der nordbulgarischen

→ Abb. 1: Die Region um Espenhain in der Nähe Leipzigs galt als die am schlimmsten von Umweltzerstörung betroffene Region der DDR, 1990.

→ Abb. 3: Das litauische Kernkraftwerk Ignalina, 1993. Wegen Sicherheitsbedenken und einem geplanten Ausbau des Kraftwerks kam es auch zu Zeiten der sowjetischen Herrschaft zu Protesten.

→ Abb. 2: Luftaufnahme des zerstörten Reaktorblocks des ukrainischen Atomkraftwerks in Tschernobyl, in dem sich am 26.4.1986 der weltweit schwerste Reaktorunfall ereignete, Aufnahme von 1986.

Stadt durch ein Chemiewerk im benachbarten Rumänien beendet werde. In Litauen verknüpfte die Bewegung Sąjūdis die Forderung nach einer Aufarbeitung der stalinistischen Verbrechen mit dem Protest gegen den Bau eines dritten Reaktors im Atomkraftwerk Ignalina. Auch in der Ukraine und in Belarus brachten die Volksbewegungen der späten 1980er-Jahre die ökologische Frage in Zusammenhang mit dem Widerstand gegen Fremdherrschaft. Volker Weichsel

Ende der Geschichte?

Schon im Sommer 1989, also noch vor dem Mauerfall, veröffentlichte der US-amerikanische Politikwissenschaftler Francis Fukuyama einen vielbeachteten Essay mit dem Titel „Das Ende der Geschichte?". Seine These lautete, dass mit dem absehbaren Zerfall der Sowjetunion der endgültige und globale Siegeszug des westlichen Lebens-, Wirtschafts- und Politikmodells einsetzen würde. Kapitalismus und liberale Demokratie würden zum vorherrschenden System — autoritäre und totalitäre Regime gehörten der Vergangenheit an.

Die Entwicklungen nach dem Fall der Berliner Mauer, etwa der tatsächliche Untergang der Sowjetunion und das Ende der Frontstellung zwischen West und Ost, schienen Fukuyama Recht zu geben. Der Kalte Krieg war vorbei und aus westlicher Perspektive eine ernstzunehmende politische Alternative zum liberalen Politikmodell nicht mehr auszumachen. Die ehemaligen Ostblockstaaten entwickelten sich in die vorhergesagte Richtung und entschieden sich in der Folge zunehmend für eine Anbindung an den Westen — etwa durch Nato- und EU-Beitritte. Das Ende der Geschichte?

30 Jahre nach Erscheinen seines Essays scheint die Antwort auf Fukuyamas Frage nur allzu offensichtlich. Gerade die politischen Entwicklungen der letzten Jahre auf globaler wie nationaler Ebene zeigen, dass weder autoritäre Politikvorstellungen noch Alternativen zur liberalen Demokratie und kapitalistischen Wirtschaftsweise passé sind. Allein letztere scheint durch eine drohende Klimakatastrophe zunehmend unter Druck zu geraten. Was Fukuyamas Essay allerdings verdeutlicht, ist die weltgeschichtliche Bedeutung der Entwicklungen des Jahres 1989. Hier lag der Beginn einer neuen Weltordnung, die nicht mehr von der Blockkonfrontation zwischen Ost und West bestimmt war. Eine Folge davon war etwa eine Stärkung und Ausweitung der Europäischen Union, dem europäischen Friedensprojekt schlechthin. Gleichzeitig begann hier der Aufstieg der USA zur vorläufig einzig verbliebenen Weltmacht. Henning Wellmann

→ Abb. 1: Demilitarisierung: Russische Soldaten werfen nicht mehr benötigten Hausrat in Oranienburg bei Berlin vor einem bisher von Militärs bewohnten Häuserblock auf einen Haufen zum Abtransport, 21.7.1994. Ihr endgültiger Abzug aus Berlin steht kurz bevor.

→ Abb. 2: Der Weg nach Westen wird frei gemacht: Ein Arbeiter entfernt an der deutsch-tschechischen Grenze am Tag des EU-Beitritts Tschechiens den letzten Grenzzaun zwischen Deutschland und Tschechien, 1.5.2004.

→ Abb. 3: Gegen einen Weg zurück: Demonstration in Posen gegen die Demontage des Rechtsstaats und der Demokratie durch die polnische Regierungspartei PIS und dem ebenfalls aus dem PIS-Lager stammenden Präsidenten.

„Wir sind in der U-Bahn und wollten Freunde im Osten besuchen. Ich hatte irgendwas zu meiner neunjährigen Tochter gesagt und wohl heftig berlinert. Da zischte sie bloß: ‚Mama, können wir bitte nachher weiterreden?‘ Dann sind wir ausgestiegen, und sie pumpt sich auf wie ein Maikäfer: ‚Mama, weißt du, was du bist? Du bist so ein richtiger Doppelossi.‘ Ich hätte mich wegschmeißen können."

→ Elke, *1977, Erzieherin und alleinerziehende Mutter, 1989 Ausreise nach West-Berlin

→ Das Brandenburger Tor hinter Stacheldraht und Mauer.

Eine Welt ohne Mauern Unvorstellbar im Berlin des Jahres 1989 — und heute?

von
GERHARD SÄLTER / Stiftung Berliner Mauer

Im Herbst 1989 konnte sich fast niemand ein Berlin ohne Mauern vorstellen. Das betraf nicht nur die Machthaber in der DDR. Die Menschen in Ost und West hatten so lange mit ihr leben müssen, dass sie sich an den trennenden Beton gewöhnt hatten. Selbst nach dem 9. November brauchte es einige Zeit, bis sich die Vorstellung durchsetzte, dass man sie einfach abreißen könnte. Insbesondere der Führung der SED fehlte dazu die Fantasie. Sie hinkte seit dem Sommer ohnehin den Ereignissen hinterher und war glücklicherweise weit davon entfernt, den politischen Prozess zu gestalten.

Die zunehmende Zahl von Protesten und Demonstrationen in der DDR und die wachsende Zahl der Flüchtlinge erzwang am 9. November die Öffnung der Mauer. Bereits am folgenden Tag wurde ein erstes Loch hineingebrochen, um einen weiteren Grenzübergang zu schaffen. Mit der Tatsache, dass die DDR-Bürger*innen die Mauer ungehindert passieren konnten, war ihr Schicksal eigentlich besiegelt, aber vorstellbar war ihr Verschwinden deshalb noch lange nicht. Bevor die neue Regierung unter Hans Modrow Ende Dezember beschloss, die Mauer irgendwann abzureißen, mahnte der neue SED-Vorsitzende Gregor Gysi, dass dadurch ein „gesetzwidriges Passieren" der Staatsgrenze möglich werde. Andere SED-Funktionäre machten Vorschläge, statt ihrer einen Zaun zu errichten. Doch solche Anregungen verhallten ungehört.

Mit den ersten Löchern verlor die Berliner Mauer ihre herrschaftssichernde und ihre trennende Funktion. Immer mehr alt-neue Straßen querten sie und Ende

Januar 1990 gab es schon 25 Straßenübergänge zwischen Ost- und West-Berlin. Damit begann ein langsamer Rückbau der Grenzsperren. Die Wachtürme am Brandenburger Tor verschwanden schon zu Beginn des Jahres, ihnen folgte ein zunächst langsamer und seit Juni 1990 systematischer Rückbau aller Grenzsperren einschließlich der Mauer, der Ende des Jahres weitgehend abgeschlossen war. Die einzelnen Segmente der Mauer selbst wurden zumeist geschreddert und kehrten als Straßenbelag zurück. Einige Stücke, die auf der Westseite von bekannten Künstlern bemalt worden waren, wurden zugunsten der Staatskasse der DDR versteigert. Das wiederum führte zu Protesten, weil einige es missbilligten, dass der Staat an diesem Instrument der Repression verdienen sollte.

Die Mauer wurde zu einem Relikt der Geschichte. Ohne Gehör blieben dennoch zunächst Mahnungen, ein Stück Mauer als Zeugnis für künftige Generationen zu erhalten. Der frühere West-Berliner Bürgermeister und Altkanzler Willy Brandt hatte das schon am 10. November 1989 gefordert, als er seiner Freude über die Überwindung der Mauer Ausdruck verlieh. Andere mahnten es ebenfalls an, aber die Macht der SED war noch nicht gänzlich gebrochen, jedes Stück der Mauer, das verschwand, machte ihre Wiederkehr unwahrscheinlicher. Außerdem waren sich in dieser Phase ausnahmsweise die Menschen in Ost und West darin einig, dass sie dieses störende (und hässliche) Bauwerk so schnell und so vollständig loswerden wollten, wie es eben möglich war. Deshalb haben nur so wenige Reste der Mauer überlebt, obwohl nun jährlich mehrere Millionen Menschen auch deshalb nach Berlin kommen, um sie sich anzuschauen und sich der Geschichte der Teilung zu erinnern.

Seit dem 9. November hatte die Mauer ihren Symbolgehalt grundlegend verändert, was durch ihr langsames Verschwinden noch verstärkt wurde. Galt sie bis dahin weltweit als Symbol für die Repression in der DDR und als Schaustück kommunistischer Herrschaftspraxis, wurde sie durch die Fernsehbilder vom 9. November zu einem Symbol der Freiheit. Berliner, Deutsche aus Ost und West und Besucher*innen aus aller Herren Länder begannen, sich Stücke herauszuschlagen, die sie als Erinnerung an das Ende der Diktatur mit nach Hause nahmen. Über Monate hinweg war der Himmel über Berlin erfüllt vom Klacken der Hämmer und Meißel, mit denen sich die „Mauerspechte" ihre Erinnerungsstücke verschafften. An einigen Stellen wurde die Mauer durch ihr Wirken so brüchig, dass sie gestützt oder abgerissen werden musste. Hier wird eine private Aneignung des verhassten Bauwerks sichtbar, bei der die Zerstörung der Mauer selbst zu einem Zeichen wurde, dass das Regime, dem sie gedient hatte, ihren Schutz nicht mehr garantieren konnte. Die herausgebrochenen Stücke erhielten dabei eine fast sakrale Aura, wie Christen sie den Stücken aus dem Heiligen Kreuz zugemessen hatten.

Gleichzeitig wurden solche Mauerstücke zu Symbolen des Sieges des Westens über die Staaten des Ostblocks, die ihrerseits am Anfang eines langen Transformationsprozesses standen. Deshalb stehen Mauersegmente an Orten wie der Ronald Reagan Presidential Library im kalifornischen Simi Valley, vor dem (alten) NATO-Hauptquartier und an anderen Orten westlicher Macht. Mit dem Aufstellen dieser Reste feierte der Westen sich selbst, dokumentierte aber auch die Hoffnung auf eine weltweite Durchsetzung der Werte, auf denen die westlichen Staatenbündnisse gründeten.

Diese Hoffnungen haben sich nicht zur Gänze erfüllt. Es gibt nicht nur weiterhin Diktaturen (selbst kommunistische) und autoritäre Regierungen, sondern es ist eine zunehmende Enttäuschung festzustellen in Ländern, die das demokratische, pluralistische und kapitalistische Gesellschaftsmodell adaptiert haben. Das hat sicherlich auch damit zu tun, dass die Mühen der Transformation vielerorts unterschätzt wurden und die tatsächlichen Veränderungen nicht mit den Versprechungen von blühenden Landschaften und mit den Hoffnungen, die viele Menschen an sie geknüpft hatten, mithalten konnten. Der gesellschaftliche Reichtum und der individuelle Wohlstand wuchsen nicht in dem Maß, wie es ersehnt und erwartet worden war, und die Herausforderungen moderner und pluralistischer Gesellschaften schufen Ängste bei jenen, welche die soziale Stabilität im Kommunismus beruhigend fanden. Auch deshalb befindet sich Europa an einem schwierigen Punkt seiner Entwicklung, bei dem es zur Zeit fraglich ist, ob seine Einheit, auf welcher die gemeinsame Entwicklung demokratischer und wirtschaftlich erfolgreicher Staaten gründet, gewährleistet ist.

Berlin jedoch ist jetzt seit 30 Jahren ohne Mauer, was länger ist als die Periode, in der sie die Stadt teilte und für die Teilung Europas und der Welt stand. Niemand will sie wieder zurückhaben, genausowenig wie die Gesellschaft, die auf ihr basierte. Aber auch in Deutschland führen Enttäuschungen dazu, dass sich einige Menschen wieder autoritäre Strukturen herbeisehnen, wobei sie offensichtlich vergessen haben, welche Gewalt damit einhergeht und welche Verwerfungen sie hinterlassen haben.

Mauern mit ihrer multiplen Funktionalität — ein Territorium in Besitz zu nehmen, seine Grenzen zu markieren, die Feinde draußen zu halten und die Machtverhältnisse im umschlossenen Raum zu stabilisieren — gehören trotz gegenläufiger Bemühungen in der heutigen Welt immer noch zum politischen Alltag außerhalb Berlins. Mauern stehen überall in der Welt und trennen Menschen gewaltsam voneinander. In Korea halten sie eine 1953 zementierte Teilung aufrecht und schützen die dynastische Herrschaft der Familie Kim. In Nordirland heißen sie „peace lines" — Friedensgrenzen — und vermeiden gewalttätige Konflikte in der Bevölkerung. An der Grenze zwischen Israel und Palästina sollen Mauern die israelischen Bürger*innen vor terroristischen Angriffen schützen und vereinnahmen gleichzeitig arabisch besiedelte Territorien, wodurch sie den Konflikt mit der arabischen Bevölkerung verstetigen. Auf Zypern untermauern sie als „green line" territoriale Ansprüche der türkischen Regierung und verstärken die Ethnisierung des Konflikts. Und dies sind nur einige zufällig ausgewählte Beispiele. Dazu kommt — nicht zu vergessen — die unsichtbare Mauer im Mittelmeer, die durchlässig ist für den materiellen Reichtum Afrikas und des Nahen Ostens, aber die Menschen, die im globalisierten Handel vergessen und marginalisiert worden sind und den Reichtümern ihrer Länder zu folgen versuchen, fernhalten soll. Eine Welt ohne Mauer ist nach 30 Jahren Freiheit durchaus zu erhoffen, im Herbst 2019 ist sie allerdings kaum vorstellbar.

Ulrich Schwarz

→ geb. 1936, 1976-77 und 1985-89 West-Korrespondent in Ost-Berlin für das Nachrichtenmagazin Der Spiegel, stand in engem und unterstützendem Austausch mit zahlreichen Oppositionellen der DDR.

Der Bruch zwischen Ost und West ist noch da

Ab 1975 gab es eine Abmachung zwischen Bonn und Ost-Berlin über den Austausch von Korrespondenten. Die Arbeit des Korrespondenten in Ost-Berlin war steuerfrei. Die Korrespondenten waren sehr diszipliniert, denn wenn einer denen in der DDR nicht passte, warfen sie ihn einfach raus. Und das bedeutete das Ende der Steuerfreiheit. Die meisten Korrespondenten in Ost-Berlin, die ich kennengelernt habe — nicht alle —, waren feige. Insgesamt war die Berichterstattung der Korrespondenten aus Ost-Berlin zurückhaltend. Ich hatte einen guten Informanten, Hermann von Berg (Geheimdiplomat der DDR und Stasi-Agent, Anm. d. Red.). Mit dem habe ich mich sehr gut verstanden, von dem habe ich viel erfahren. Mir war nur nicht klar, wieso er das eigentlich machte. Er erzählte mir Ende 1977 von einem Oppositionspapier von Mitgliedern des Zentralkomitees und höheren Funktionären der SED. Es waren wirklich scharfe Angriffe auf Honecker und auf die Nomenklatura und die korrupte Oberschicht. Das ist Anfang 1978 im Spiegel erschienen. Hermann von Berg hat es mir diktiert. Das haben sie sich nicht gefallen lassen und das Spiegel-Büro geschlossen.

Sieben Jahre durfte kein Spiegel-Journalist die DDR betreten, nicht einmal privat. 1983 bin ich als Reisekorrespondent wieder zugelassen worden. Ich hatte einen Aufpasser dabei. Der fuhr 14 Tage immer mit. Es ist auch ein großer Bericht im Spiegel erschienen über diese Reise, im Zusammenhang mit dem Lutherjubiläum. Was hat die SED im Sinn, wenn sie Luther feiert? Es ging um das internationale Renommee des Staates. 1985 hieß es: Sie können ihr Büro wiedereröffnen. Ich bin in die Leninallee (heute Landsberger Allee, Anm. d. Red.) gezogen, weil ich nicht ins internationale Pressezentrum wollte. Von da habe ich fünf Jahre lang Berichterstattung gemacht.

Die meisten Kontakte hatte ich zu kritischen DDR-Intellektuellen. Funktionäre hatten ein klares Sprechverbot, gegenüber Medien sowieso und dem Spiegel im Besonderen. Darüber hinaus hatte ich ziemlich gute Kontakte in die Opposition, die 1985 noch keine richtige Bewegung war. Leute wie der Pfarrer Eppelmann in der Samaritergemeinde, die scherten sich nicht um Kontaktverbote. Für die waren Westkorrespondenten der Kontakt zur Außenwelt. Ich habe viel Post transportiert. Ich habe mich revanchiert, indem ich den Spiegel und vor allem Bücher mitbrachte.

Über Rainer Eppelmann habe ich eine Menge anderer Leute kennengelernt. Aber ich war immer vorsichtig. Die Samaritergemeinde hatte so einen internen Diskussionskreis, da bin ich nie gewesen. Als ich 1985 zum zweiten Mal in die DDR kam — 1976/77 hatte es nur Einzelkämpfer gegeben —, begann sich die Opposition zu bilden. In der Samariterkirche gab es einen gemeindeinternen Kreis, in Pankow einen Friedenskreis. Es gab Zellen, die aber untereinander nur locker Kontakt hatten. So eine richtig organisierte Opposition in der DDR gab es bis 1989 gar nicht.

Ja, der 9. Oktober in Leipzig. Der Karl-Heinz Baum von der Frankfurter Rundschau, der wollte auch nach Leipzig. Den hat seine Chefredaktion angerufen und ihm verboten, nach Leipzig zu fahren. Ich habe meine Chefredaktion überhaupt nicht informiert. In Leipzig traf ich Siggi Schefke (freier Journalist und Bürgerrechtler, Anm. d. Red.) und Aram Radomski (Fotograf und Oppositioneller, Anm. d. Red.). Sie haben mir erzählt, wo sie gewesen waren, oben auf dem Kirchturm, und hatten die ganze Demonstration aufgenommen. Da sagte ich: „Wenn ihr mich mitnehmt nach Berlin, transportiere ich die Kassetten sofort nach Westen. Wenn wir angehalten werden, das sind meine Kassetten." Mir wäre weiter nichts passiert, eventuell wäre ich rausgeflogen. Die kassierten 20 Jahre Bautzen, wenn sie erwischt worden wären. Schefke und Radomski waren für mich die eigentlichen Helden von Leipzig, Das waren starke Leute. Ich bin schnurstracks über die Grenze zum SFB. Einen Tag

später ist das im Fernsehen gelaufen. In Leipzig war es toll. Ich war völlig überrascht, weil ich bis dahin die DDR-Bürger so nicht kannte. Auf einmal laufen da 70.000, gehen friedlich: „Nicht schießen, wir sind das Volk." Ich fand das erstaunlich. Ich hatte damit gerechnet, dass Blut fließen würde. Der Bahnhof war geschlossen, und hinter den geschlossenen Türen sah man Bewaffnete. Ich glaube, dass es Spitz auf Knopf stand. Die Leute waren selbst von sich überrascht, dass sie auf einmal diesen Mut aufbrachten. Ich war ungeheuer fasziniert. Leipzig war für mich der Höhepunkt dessen, was ich in der DDR gemacht habe.

An dem Tag merkte man zum ersten Mal, dass die Menschen wach wurden und nicht mehr hinnehmen wollten, was in ihrem Land los war. Der Untergang der DDR, des SED-Regimes begann in Leipzig. Ohne Aram Radomski und Siggi Schefke wäre Leipzig gar nicht bekannt geworden. Im Westen hätte kein Mensch etwas begriffen. Und wie gesagt, es waren an dem Tag außer mir überhaupt keine Westjournalisten in Leipzig. Ich weiß noch, als die Demo friedlich zu Ende gegangen war, standen überall Volkspolizisten und auch Betriebskampfgruppen. Sie wurden gefragt, warum kein Schuss gefallen sei. Da sagte ein Offizier: „Was sollten wir denn machen? Das waren doch unsere eigenen Kinder." Sowas packt mich heute noch. Wenn in Leipzig geschossen worden wäre, das wäre eine Katastrophe gewesen für das bestehende Staatsgebilde DDR. Dann wäre die untergegangen.

Was die Stasi anbelangt, hatte ich keine Ängste. Ich war nun mal ein besonders über Klassenfeind, weil das, was ich beobachtete, öffentlich wurde. Das war für sie furchtbar. Insofern waren Journalisten für die Stasi schon unangenehm. Wichtig war für mich, dass ich niemandem Schaden zufügte. Aber mit den Leuten, bei denen ich diese Vorsicht nicht haben musste, gab es ein absolutes Vertrauensverhältnis. Das hat sich auch gehalten. Wir sind 2004 von Hamburg nach Berlin gezogen. Wegen der guten Freunde, die ich in der DDR gewonnen habe, wollte ich nach Berlin zurück. Ich wollte lieber in den Ostteil. Den kannte ich, und hier war mir die Mentalität irgendwie geläufig.

Im November war ziemlich klar, dass die DDR sich nicht würde halten können. Die DDR-Oppositionellen wollten keinen Anschluss an die Bundesrepublik. Sie wollten ein eigenes Land, aber ein anderes, einen anderen Staat. Unter meinen Bekannten wollte so gut wie keiner die Wiedervereinigung, verstand ich auch. In dem Augenblick, als die Wiedervereinigung kam, ging alles schnell. Und dann das westlich-kapitalistische Konsumdenken, plötzlich waren die Träume erfüllbar.

Der Fehler wurde 1989 vonseiten der Westdeutschen gemacht. Helmut Kohl war da besonders bekloppt: Seid doch froh, dass wir endlich da sind. Wir brauchen nichts von dem, was ihr hattet. Ich weiß, dass wir damals diskutiert haben, ob es Strukturen aus der DDR gab, die man hätte übernehmen können. So ist es nicht gut, wie es jetzt läuft. Der Bruch zwischen Ost und West ist noch da. Ich bin überrascht, dass die AfD so einen Zulauf im Osten hat. Es scheint, dass die Menschen in den neuen Bundesländern heute stärker als vor 30 Jahren den Eindruck haben, sie seien abgehängt.

Ich denke, dass die Wiedervereinigung, obwohl ich sie so nicht nennen würde, einen positiven Effekt hatte. Vielen Menschen wird jedoch bewusst, dass sie doch schlechter dran sind als die in den alten Bundesländern. Überall sind sie Deutsche zweiter Klasse. Das hängt auch mit der Spaltung in unserer Gesellschaft zusammen. Die driftet weiter auseinander, der Wohlstand ist so ungerecht verteilt. Das alles ist den Leuten heute bewusster. 1989 waren die Leute gut drauf, hatten genug zu tun, in der neuen Gesellschaft anzukommen, sich zu behaupten. Jetzt kommt der Backlash. Davon profitiert die AfD merkwürdigerweise.

→ Der Spiegel-Korrespondent Ulrich Schwarz und die Sekretärin Gisela Krüger im Ost-Berliner Redaktionsbüro, 24.11.1978.

Kurfürstendamm Der kurze Weg nach Westen

In der Nacht des Mauerfalls und den ersten Tagen danach kam es vor allem auf dem Kurfürstendamm, dem West-Berliner Sehnsuchtsort, zu Massenaufläufen und ergreifenden Szenen der Euphorie. Schon in den Morgenstunden des 10. Novembers 1989 herrschte Volksfeststimmung. Viele DDR-Bürger*innen wählten den berühmten Boulevard als erstes Ziel ihrer neu gewonnenen Freiheit und wurden von den West-Berliner*innen jubelnd begrüßt.

Auch die folgenden Tage standen hier ganz im Zeichen der Begegnungen und der neuen Chancen und Möglichkeiten, die die Öffnung der Grenze bereithielt. Die Warenwelt des marktwirtschaftlichen Westens lockte ebenso wie die vielfältigen kulturellen Angebote — zwei Erfahrungswelten trafen aufeinander.

Der Ku'damm steht als Ort symbolisch für ganz West-Berlin sowie die Bundesrepublik und ihre Bürger*innen und politisch Handelnden, die die Ostdeutschen meist mit offenen Armen begrüßt haben, die fortdauernde Ausreisewelle bewältigten und die demokratische Entwicklung in der DDR beförderten.

→ Abb.1: Freudenszenen auf dem Kurfürstendamm in der Nacht des Mauerfalls vom 9. auf den 10.11.1989.

„Ich wäre nicht auf die Idee gekommen, zum Ku'damm zu fahren. Sondern man geht nach Kreuzberg, dort trifft sich alles. Du bist in eine Kneipe reingegangen, hattest keinen Pfennig Geld, musstest aber auch nichts bezahlen. Da hast du wirklich alle getroffen. Eigentlich hättest du auch im Osten bleiben können. Uns war klar, das ist das Ende der Bürgerbewegung. Das Ventil war offen, darauf würde sich das Volk jetzt konzentrieren.“

→ Frank Ebert, *1970, Bürgerrechtler, heute Robert-Havemann-Gesellschaft

→ Abb.2: Zehntausende Menschen aus Ost-Berlin strömen am 10.11.1989 zum Kurfürstendamm und genießen die neue Freiheit.

→ Abb. 1: „Die Mauer ist weg!" – Schlagzeile der West-Berliner BZ. Tausende Ost- und West-Berliner*innen feiern auf dem Kurfürstendamm in der Nacht vom 9. auf den 10.11.1989 die Maueröffnung.

→ Abb. 2: In den Tagen nach dem Mauerfall strömen Hunderttausende auf den Kurfürstendamm, 11.11.1989.

Besuch von nebenan

Ein Mann stürmt aufgeregt in eine Kneipe: „Habt ihr schon gehört? Die Mauer ist offen!" – „Und was machen wir jetzt?" – „Trinken wir erstmal aus." Diese Szene aus dem Film „Herr Lehmann" spiegelt treffend wider, was viele West-Berliner*innen angesichts des Mauerfalls empfanden. Plötzlich war die Mauer — längst alltäglich geworden und daher kaum eines Gedankens würdig — wieder ins Bewusstsein gerückt. Und was die anderen empfanden, die von der plötzlichen Maueröffnung nicht weniger überrascht wurden als die Kreuzberger Kneipenbesucher, spiegelte sich am Kurfürstendamm.

Freudenszenen, wildfremde Menschen, die sich in den Armen lagen, Begrüßungen, Herzlichkeiten und die LKWs einer geschäftstüchtigen Supermarktkette, die den nächtlichen Besucher*innen Bananen, Kaffee und Cola reichten. Hier wurden die Bilder geprägt, die — jenseits der tanzenden Menschenmengen am Brandenburger Tor — nachhaltig die Wahrnehmung der „Wende" prägten: Keine Spur von Revolution, überschwängliche Freude über das Vereintsein, grenzenloser Optimismus — und die Anfänge des Narrativs vom „gekauften" Osten.

Der Kurfürstendamm war ab dem 10. November 1989 so voll wie nie zuvor. Hunderttausende drängten sich auf dem Boulevard bis zum KaDeWe am Wittenbergplatz. Der Verkehr kam völlig zum Erliegen. Und es war erst Freitag. Sonnabend und Sonntag war kein Durchkommen durch West-Berlins City, U-Bahnen und Busse platzten aus allen Nähten. Und Montag, der 13. November 1989, wird wohl als Chaos-Tag in der Geschichte West-Berlins unübertroffen bleiben. Denn hier stürmten noch mehr Menschen als in den Tagen zuvor durch die offene Mauer, um das Begrüßungsgeld von 100 D-Mark abzuholen. Auch dies wurde nachhaltig prägend für Ost- und West-Berliner*innen: Die einen erfüllten sich langgehegte Konsumwünsche am Kurfürstendamm, die anderen standen vor leergekauften Supermarktregalen, zwischen stinkenden Zweitakter-Abgasen oder auf völlig überfüllten Straßen, in denen erst Polizei und Feuerwehr anrücken mussten, um das Chaos zu bändigen. Bjoern Weigel

„Schaufenster des Westens"

Kein Ort prägte die Wahrnehmung des vermeintlich goldenen Westens stärker als der Kurfürstendamm. Grob gesagt, lag dieser zwischen dem KaDeWe, Zoo und Halensee und damit nicht nur am Ku'damm, doch geografische Details oder Straßennamen spielten in der Betrachtung keine Rolle.

Einerseits zeigte sich durch die Maueröffnung, dass die ostdeutschen Besucher*innen ihre Sehnsucht nach dem Westen hauptsächlich hier stillten. Täglich, mindestens bis Weihnachten noch an jedem Wochenende, kamen Zehntausende und fragten: „Sagen Sie, wo geht es denn hier zum Kurfürstendamm?" U-Bahnen und Busse waren so voll, dass die anfängliche Freude der West-Berliner*innen über den Mauerfall schnell einer verständnisvollen Distanz wich.

Andererseits war die Vermittlung des Bildes als „Schaufenster des Westens" jahrzehntelange West-Berliner Praxis gewesen — sie verfehlte ihre Wirkung also nicht. In Ermangelung der bedeutendsten historischen Orte Berlins, die nach der Teilung der Stadt bekanntlich so gut wie alle im Ostteil lagen, hatte der West-Berliner Senat den Kurfürstendamm als Prachtstraße und Aushängeschild herausgestellt. Hier gab es alles, was das Konsument*innenherz begehrte, hier war Freiheit pur, hier waren Luxus und Überfülle, hier traf sich die mondäne Gesellschaft, hier war der Nabel der ummauerten, aber freien Welt. Bilder wie die von der alljährlich im Zoo-Palast stattfindenden Berlinale zeigten Stars und Sternchen der Filmwelt, denen Ost-Berlin rein gar nichts entgegenzusetzen hatte.

→ Abb. 3: Leuchtreklame, wohin das Auge blickt — als „Schaufenster des Westens" und Symbol des Wirtschaftswunders erstrahlt der Kurfürstendamm auch abends in hellem Licht, hier das Schuhhaus Stiller, aufgenommen 1958.

→ Abb. 4: Schaufenster des berühmten Kaufhauses des Westens (KaDeWe), 1965.

So angewidert auch mehr und mehr West-Berliner*innen mit den Jahren auf die Zurschaustellung des dekadenten Treibens sahen, so populär und anziehend wirkte es auf viele derjenigen, denen die Mauer den Weg dorthin versperrte. Und frei nach dem Motto, dass jede Publicity gute Publicity sei, wirkte auch ein Buch wie „Wir Kinder vom Bahnhof Zoo" von Christiane F. nachhaltig auf die Ku'-damm-Rezeption. Das harte Leben drogensüchtiger Kinder, die zur Prostitution gezwungen wurden, war aber leider weit mehr als nur ein Schatten im glänzenden Schaufenster. Es war und ist kapitalistische Realität. `Bjoern Weigel`

Das Ende der Insel

Über die Jahre der Teilung waren in West-Berlin eigene Geschichtserzählungen entstanden: Ereignisse wie die Revolte der 68er auf dem Ku'damm oder die Hausbesetzerbewegung und die großen Demonstrationen anlässlich von Staatsbesuchen aus den USA in den 80er-Jahren hatten eigene West-Berliner Geschichte geschrieben. Alte Gesamtberliner Traditionen waren dem Vergessen anheimgefallen. Die Überalterung der West-Berliner Bevölkerung wurde zwar durch den Zuzug vieler junger Menschen gestoppt, die aber die Westhälfte der Stadt als das einzige Berlin kennenlernten, das es gab.

Die Mauer war West-Berliner Alltag — alle Zukunftsplanungen galten 1989 längst nur noch für die halbe Stadt. Zweistellige Milliardenbeträge hatte Berlin die westdeutschen Steuerzahler*innen jährlich gekostet. Derartig komfortabel subventioniert war es ein Leichtes zu übersehen, dass die ummauerte Stadt aufgrund eigener Wirtschaftskraft überhaupt nicht lebensfähig gewesen wäre. Wenn heute vor allem die Veränderungen, die der Mauerfall für die Menschen in Ost-Berlin und der DDR brachte, im Fokus stehen, sollte nicht übersehen werden, dass auch West-Berlin plötzlich relativ drastischen Veränderungen ausgesetzt war. Denn die politische Raison d'être West-Berlins, als freie, demokratische Insel inmitten der DDR das „Schaufenster des Westens" zu sein sowie Deutschland und der Welt permanent die Unmenschlichkeit des Mauer-Regimes vor Augen zu führen, hatte sich über Nacht erledigt.

Nun war klar, dass sich auch West-Berlin verändern musste: Hauptstadtfragen standen sofort im Mittelpunkt. Und die sozialen Unterschiede innerhalb der nicht mehr geteilten, aber zu zwei verschiedenen Staaten gehörenden Stadt waren erheblich. Von den Verkehrsproblemen ganz zu schweigen. Die Teilung war überwunden, doch wie konnte hieraus ein Zusammenwachsen entstehen? In der Rückschau gelang dies bemerkenswert schnell. Und doch nicht reibungslos: Selbst anhand von Wahlergebnissen oder auch dem U-Bahn- bzw. Straßenbahnnetz lassen sich West- und Ost-Berlin bis heute mühelos unterscheiden. `Bjoern Weigel`

Wer kommt denn da?

Als der Flüchtlingsstrom immer größer wurde, wollte es die Bundesrepublik genauer wissen: Wer kommt denn da aus der DDR herüber? Ende August und Anfang September 1989, als das Fluchtdrama in den bundesdeutschen Botschaften auf dem Höhepunkt angelangt war, führten das Bundesministerium für innerdeutsche Beziehungen und die Infratest-Kommunikationsforschung eine repräsentative Telefonumfrage unter DDR-Übersiedler*innen und Flüchtlingen durch. Dabei kam heraus, dass rund 56 Prozent von ihnen zwischen 18 und 30 Jahre alt

→ Abb. 1: Vom Sperrgebiet zum Zentrum: Der Pariser Platz vor dem Brandenburger Tor 1989 und 2014.

„Die Stasi-Krakenarme führten weiter ins West-Berliner Alltagsleben hinein, als viele sich das heute vorstellen können. Damals konnte man das nur hinter vorgehaltener Hand erzählen. Wir haben uns so unsere Gedanken gemacht, was alles von der Stasi unterwandert war. Wir haben im Öffentlichen Dienst gearbeitet. Da bestand die Möglichkeit, dass man beeinflusst werden sollte."

→ Lutz Jeske, *1953, West-Berliner

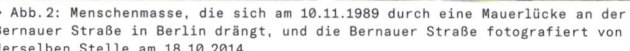

→ Abb. 2: Menschenmasse, die sich am 10.11.1989 durch eine Mauerlücke an der Bernauer Straße in Berlin drängt, und die Bernauer Straße fotografiert von derselben Stelle am 18.10.2014.

→ Abb. 3: Blick auf das Brandenburger Tor 1988 und 2014.

waren, zu 70 Prozent männlich und davon wiederum zu 40 Prozent ledig. Hieraus zu schließen, dass es vor allem Menschen waren, die wenig zu verlieren hatten, geht jedoch fehl. Im Gegenteil: Der überwiegende Teil von ihnen lebte in der DDR in relativem Wohlstand, mehr als 60 Prozent hatten ein eigenes Auto, verdienten überdurchschnittlich und waren gut bis sehr gut ausgebildet.

Besonders spannend war die Umfrage da, wo es um die Fluchtgründe ging. Da DDR-Bürger*innen in der Bundesrepublik automatisch die Staatsbürgerschaft bekamen, es also mit Ausnahme überführter Schwerverbrecher niemanden gab, der abgeschoben werden konnte, können die Antworten als ehrlich angesehen werden. Es wurde deutlich, dass sich eine große Mehrheit einen persönlichen und beruflichen Neustart wünschte — politische Gesichtspunkte waren demgegenüber zweitrangig und wurden nur von der Hälfte der Befragten angegeben.

„Fehlende Meinungsfreiheit" und „fehlende Reisemöglichkeiten" (74 Prozent) waren darunter die häufigsten genannten Fluchtursachen, das Leben nach den eigenen Vorstellungen zu gestalten sowie „ungünstige Zukunftsaussichten" rangierten dahinter. Immerhin 65 Prozent gaben auch „ständige Bevormundung und Gängelung durch den Staat" an.

In einem Punkt deckten sich die Umfrageergebnisse mit denen der Bürger*innen der Bundesrepublik: Während eine übergroße Mehrheit es sich wünschte, glaubten nur acht Prozent an die Vereinigung beider deutscher Staaten in naher Zukunft. Dennoch: Nichts befeuerte die Revolution und den schnellen Untergang der DDR stärker als die Flucht in den Westen. Bjoern Weigel

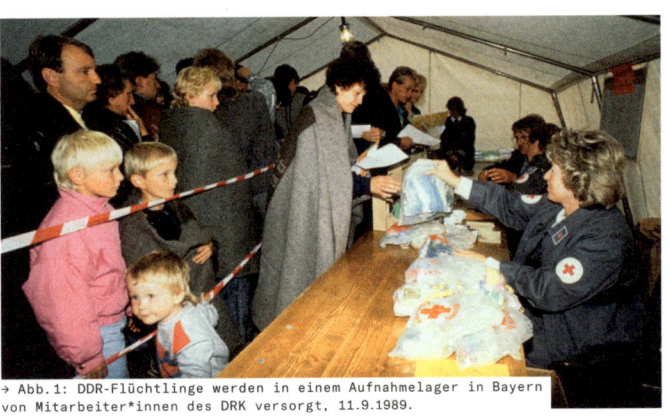

→ Abb. 1: DDR-Flüchtlinge werden in einem Aufnahmelager in Bayern von Mitarbeiter*innen des DRK versorgt, 11.9.1989.

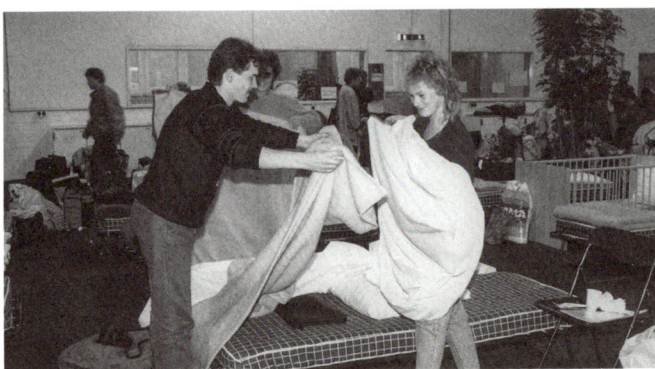

→ Abb. 2: Aus der DDR Geflüchtete richten sich in einem ehemaligen Möbellager an der Brunnenstraße im West-Berliner Bezirk Wedding ein, Oktober 1989.

Ein Bett im Westen: Notaufnahmelager Marienfelde

In Marienfelde am südlichen Stadtrand West-Berlins herrschte Hochbetrieb: Der Flüchtlingsstrom aus der DDR schien im Spätsommer und Herbst 1989 kein Ende mehr zu kennen. Und hierher, in die zentrale Aufnahmestelle des Landes Berlin in Marienfelde, kamen alle, die nicht bei Verwandten unterkamen — also die überwiegende Mehrheit der „Umsiedler", wie sie offiziell hießen.

Das Notaufnahmelager Marienfelde war 1953 mit einer Kapazität von 2.000 Betten eingeweiht worden — und dauerhaft überbelegt. Bis zum Mauerbau 1961. Dann wurde die Kapazität auf 750 Betten reduziert und nur selten voll ausgeschöpft. Bis zum Mauerfall 1989. Der Ansturm derer, die seit dem Spätsommer

→ Abb.3: Richtfest für das Notaufnahmelager Marienfelde, 1952.

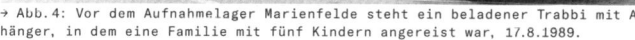

→ Abb.4: Vor dem Aufnahmelager Marienfelde steht ein beladener Trabbi mit Anhänger, in dem eine Familie mit fünf Kindern angereist war, 17.8.1989.

→ Abb.5: Menschen, denen am Wochenende des Mauerbaus die Flucht geglückt ist oder die sich in West-Berlin aufgehalten haben, stehen im Notaufnahmelager Marienfelde Schlange und warten auf ihre Registrierung, 14.8.1961.

und Herbst 1989 der DDR den Rücken kehrten, war kaum zu bewältigen. Und als mit dem Mauerfall noch einmal ein sprunghafter Anstieg zu verzeichnen war, sah sich die West-Berliner Behörde gezwungen, Fabrikgebäude in der Nähe anzumieten, um zusätzliche Kapazitäten zu haben. 10.000 Betten konnten auf diesem Weg — verteilt im gesamten West-Berlin — zur Verfügung gestellt werden. Zwar wurde es dank der unmittelbar bevorstehenden Einführung der D-Mark in der DDR ab dem 30. Juni 1990 deutlich ruhiger im Lager, dennoch verließen die letzten DDR-Flüchtlinge und Übersiedler*innen erst 1993 das Gelände. Noch im selben Jahr wurde eine Erinnerungsstätte eingeweiht. Bis zur Schließung im Jahr 2010 diente es der Unterbringung von Aussiedlern aus anderen Staaten, seither wird es vom Landesamt für Gesundheit und Soziales als Übergangswohnheim für Asylbewerber*innen und Flüchtlinge genutzt.

Marienfelde verdeutlicht wie kein zweiter Ort in Berlin, was vielen DDR-Bürger*innen ein Bett im Westen bedeutete: Die Mauer war das einzige, was sie davon fernhielt. Zu Zehntausenden waren sie vor dem Mauerbau jeden Monat gekommen; zu Zehntausenden kamen sie 1989, sobald es die Möglichkeit gab. Weder dem Zweck nach noch gar in der Dimension hat jemals eine ähnliche Einrichtung auf der anderen Seite der Mauer bestanden. Denn die Gründe für die Existenz des Notaufnahmelagers lagen 1953 wie 1989 einzig im Willen der Menschen, der SED-Diktatur zu entkommen. Bjoern Weigel

→ Abb.1: Von der SED geduldet, errichten einige DDR-Bürger*innen Antennensysteme, um die Fernseh- und Radioprogramme der Bundesrepublik empfangen zu können, wie hier in Choren bei Leipzig, 1985.

→ Abb.2: Karl-Eduard von Schnitzler, Chefkommentator des DDR-Fernsehens und Autor der Propagandasendung „Der schwarze Kanal", 1985. Ironischer Seitenhieb: 1986 verbreitet ein gleichnamiger Piratensender kritische Stimmen in West- und Ost-Berlin.

→ Abb.3: Erst als das Westfernsehen die Nachricht „DDR öffnet Grenze" verbreitet, strömen immer mehr Menschen zu den Grenzübergängen, wie hier am Checkpoint Charlie, 9.11.1989.

→ Abb.4: Konzert zu Ehren der Ost-Berliner Besucher*innen auf dem Kurfürstendamm, 18.11.1989.

→ Abb.5: Die Grenzöffnung am 9.11.1989 stellt auch den öffentlichen Nahverkehr Berlins vor große Herausforderungen: Die Bushaltestelle Wannsee, von wo aus Sonderbusse der BVG und der DDR nach Potsdam fahren, 29.11.1989.

Das Bild der Freiheit: Westmedien

ARD — Außer Raum Dresden, lautete eine populäre Wendung. Nicht nur den DDR-Offiziellen, sondern auch den westlichen Medien selbst war klar, dass viele DDR-Bürger*innen ihren Informationshunger über die „Tagesschau" stillten. Außer im Raum Dresden eben, wo terrestrische Sender aus dem Westen aufgrund natürlicher Gegebenheiten nicht empfangbar waren. Das Schlagwort vom „Tal der Ahnungslosen" machte die Runde.

Welchen konkreten Einfluss westliche Medien auf die Gesellschaft in der DDR hatten, ist dabei nur schwer fassbar. Westliche Medien berichteten immer wieder kritisch über die DDR. Die Informationen erlangten gerade in den 1980er-Jahren als objektive Berichterstattung ein hohes Maß an Glaubwürdigkeit. Damit standen sie in scharfem Kontrast zur DDR-Propaganda, die teilweise jeglichen Bezug zum Leben der Menschen verloren hatte. Auch beliebte Unterhaltungsformate wie die Krimireihe „Tatort" fanden ihre Zuschauer*innen hinter der Mauer. Sie weckten nicht nur Sehnsüchte nach dem „Goldenen Westen", sondern zeigten auch ein vermeintlich realistisches Bild der Bundesrepublik und West-Berlins.

Die Stasi versuchte immer wieder, westliche Sender zu stören. Das war insbesondere in Berlin kaum möglich. So gelang es dem West-Berliner Piratensender „Schwarzer Kanal", aus der DDR herausgeschmuggelte Informationen als Nachrichten für die dortige Opposition zu verbreiten. Daneben musste die DDR-Propaganda immer wieder auf Berichte aus westlichen Medien Bezug nehmen — offiziell hatte die zwar niemand gesehen oder gehört, intern war aber klar, dass sie dennoch in breiten Bevölkerungsschichten bekannt waren.

Und letztlich waren es die Westmedien, die einen entscheidenden Anstoß zur Öffnung der Mauer gaben: Über die Pressekonferenz, auf der Schabowski die neue Reiseregelung mit den Worten „sofort, unverzüglich" in Kraft setzte, wurde zwar auch in der DDR berichtet. Jedoch waren es erst die Informationen der ARD und ihre Top-Meldung „DDR öffnet Grenze", die Tausende Ostdeutsche dazu bewogen, selbst zu den Grenzübergängen zu gehen und zu fordern, was sie im Westfernsehen gesehen hatten. Bjoern Weigel

Kultur-Schock: Ost-Berliner und West-Berliner Freude

Als am 9. November 1989 Hinweise eingingen, das DDR-Regime würde eine wichtige Entscheidung bezüglich der Reisefreiheit treffen, wies der Regierende Bürgermeister Walter Momper die Berliner Verkehrsbetriebe (BVG) an, auf mögliche Überraschungen vorbereitet zu sein. Für Gründlichkeit blieb keine Zeit. Und die Überraschung fiel auch etwas weltgeschichtlicher aus als gedacht. Es erstaunt daher bis heute, welchen Kraftakt die Mitarbeiter*innen der BVG stemmten, um den Ansturm der Ost-Berliner*innen in und durch den Westteil zu leiten.

In den ersten Wochen nach der Maueröffnung besuchten fast 100.000 Menschen täglich West-Berlin, an den Wochenenden bis zu 800.000. Von den rund 17 Millionen Menschen, die im November 1989 in der DDR lebten, sollen bis zum Jahresende mehr als vier Millionen am Kurfürstendamm gewesen sein. Die West-Berliner Einzelhändler*innen jubelten: Manche organisierten generalstabsmäßig den Nachschub an Produkten, die bei den Ostdeutschen — ausgestattet mit 100 D-Mark Begrüßungsgeld — besonders gut ankamen, viele machten Geschäfte wie nie zuvor und niemals wieder.

In der Bevölkerung wich die Freude allerdings teilweise der Ernüchterung: Ewiges Anstehen an der Kasse beim Wochenendeinkauf und der Gestank der Abgase von DDR-Autos waren für manche West-Berliner*innen dann doch zu viel des Guten. Und über den aufkommenden Sozialneid berichtete *Der Spiegel* schon am 27. November: „Für Verstimmung sorgen vor allem das Begrüßungsgeld von 100 Mark pro Person und zahlreiche Vergünstigungen, etwa Gratisbesuche in Museen, Schwimmbädern und Theatern." Von den kostenlosen Fahrten mit der BVG oder Freibier in einigen Lokalen gar nicht zu sprechen. Auf Pappschildern an Grenzübergängen sei „Ossi go home" zu lesen gewesen. West-Berlins Regierender Bürgermeister Walter Momper wusste allerdings die Mehrheit hinter sich, als er zu Weihnachten 1989 in einem Interview sagte: „Die Berliner sind ein weltoffenes Volk und freuen sich über Besuch." Bjoern Weigel

Freiheit und Kaufrausch: Begrüßungsgeld

Das Begrüßungsgeld war ein Kind des Kalten Krieges: 1970 in Höhe von 30 D-Mark eingeführt, konnte es zweimal im Jahr bezogen werden. 100 D-Mark waren es ab 1988, aber nur noch einmalig pro Person und Jahr. Mit dem Mauerfall begann der Ansturm auf das Begrüßungsgeld: Noch in der Nacht zum 10. November ordnete Walter Momper gedankenschnell an, dass Banken und Sparkassen die Auszahlung vornehmen sollten. Sie waren teilweise bis nachts geöffnet — jedenfalls so lange, wie Bargeld da war. Später kamen auch Postämter und provisorisch eingerichtete Zahlstellen hinzu. Die 100 D-Mark wurden schnell in Konsumgüter investiert. Gekauft wurde alles, was es in der DDR nicht oder nur selten gab: Kaffee, Schokolade und Südfrüchte, Kassettenrekorder, Jeans und Spielzeugautos für die Kinder.

Noch bevor DDR-Bürger*innen mit dem politischen System, der Demokratie oder bestimmten sozialen und individuellen Grundrechten in Berührung kamen, machten sie also Bekanntschaft mit der wirtschaftlichen Ordnung. Für einen Massenansturm war dieses System natürlich gar nicht ausgelegt. Politisch wäre es jedoch unmöglich gewesen, die Zahlungen einzustellen. Zumal es wirtschaftlich und als Identifikationsangebot, als Katalysator für Forderungen nach deutscher Einheit und unter kommunikativen Aspekten immer noch als die dankbarste Lösung gesehen werden muss. Und wirtschaftlich gesehen war es wohl auch die preiswerteste: Schließlich wurde das meiste ausbezahlte Geld wieder in den Wirtschaftskreislauf reinvestiert.

→ Abb. 1: Geld vom Chef persönlich: Im Rathaus Schöneberg, seinem Amtssitz, zahlt West-Berlins Regierender Bürgermeister Walter Momper Begrüßungsgeld aus, 10.11.1989.

→ Abb. 2: Warteschlange von DDR-Bürger*innen vor der Filiale der Sparkasse auf dem Breitscheidplatz zur Auszahlung des Begrüßungsgelds, 10.11.1989.

→ Abb. 3: Shopping auf dem Kurfürstendamm
am Tag nach dem Mauerfall, 10.11.1989.

„Wir wussten ja nicht, warum Leute im Neuen Forum tätig sind. Der eine wollte frei reisen, der andere wollte einen besseren Sozialismus. Das sind zwei völlig verschiedene Dinge. Da hatten sich schon eine ganze Menge Leute abgesetzt. Als ich die Schlacht um die Banane am Ku'damm gesehen habe, habe ich mich einfach nur geschämt. Ich dachte: ‚Das ist doch furchtbar, was ihr hier macht, so eine Erniedrigung. Wo ist euer Stolz?'"

→ Elke Günther, *1949, Kostümbildnerin, Assistentin von Bärbel Bohley beim Neuen Forum

Bis zur Einstellung des Begrüßungsgeldes am 29. Dezember 1989 sind zwischen drei und vier Milliarden D-Mark ausbezahlt worden. Dass es dabei auch zu Betrug durch Mehrfach-Abholung kam, ist angesichts der Modalitäten kaum verwunderlich: Den Hundert-Mark-Schein gab es auf Vorlage des Personalausweises oder Passes, die Abholung wurde jedoch nirgends zentral erfasst. So konnten auch West-Berliner*innen den Pass eines Ost-Verwandten benutzen, um sich Begrüßungsgeld zu erschleichen, während dieser woanders mit seinem Ausweis noch einmal Geld bekam. ^{Bjoern Weigel}

Vom Kalten Krieg zur warmen Decke: Senatsreserve

189.000 Tonnen Getreide, 18 Millionen Rollen Toilettenpapier und 25,8 Millionen Zigarren: Die Senatsreserve, riesige Vorräte bestimmter Güter, sollte die Stadt vor Versorgungsengpässen im Fall einer Blockade wie 1948/49 schützen. Mit den Rosinenbombern im Gedächtnis und der Mauer drumherum fiel es auch leicht zu begründen, warum im November 1989 Lebensmittel, Getreide, Brennstoffe und selbst Zahngold im Wert von über 2 Milliarden Mark an mehr als 700 Orten im gesamten Stadtgebiet lagerten. Ihren Zweck — Soforthilfe für notleidende Menschen in Krisenzeiten — erfüllte die Senatsreserve jedoch erst nach dem Mauerfall.

Zuständig für das „Hamstern" war das Amt für Bevorratung. Was alles in welchen Mengen wo bevorratet wurde, war selbstverständlich geheim — nur der Senat, die Schutzmächte und das Bundesfinanzministerium wussten Bescheid. Jedoch blieben die verrottenden Kohleberge am Güterbahnhof Spandau oder auf der Speer-Platte den Berliner*innen kaum verborgen.

Und als ein paar Hausbesetzer*innen 1980 eine Neuköllner Villa in Beschlag nehmen wollten, fanden sie diese bereits besetzt: mit der Senatsreserve an Toilettenpapier und Babywindeln. Seit 1980 mussten alle Güter auf einer 16-seitigen Liste für sechs Monate bevorratet sein. Vor allem das „Schütz-Fleisch", Corned Beef in Blechdosen, wurde zum Symbol der Senatsreserve schlechthin. Beliebtheit erlangten auch die Fahrräder: Im September 1981 wurden alle 45.000 — manche hatten über 20 Jahre lang im Speicher der Behala im Westhafen gestanden — preiswert an die Bevölkerung verkauft.

Mit dem Mauerfall war das Ende des Kalten Krieges gekommen. Die Stadt brauchte nun nicht mehr staatlich bevorratet zu werden. Ab Sommer 1990 ging die Senatsreserve, rund 90.000 Tonnen Lebensmittel und Medikamente, als humanitäre Hilfe in die Sowjetunion. Apropos Sowjetunion: Seit Oktober 1985 wurde West-Berlin direkt mit sowjetischem Erdgas aus Sibirien versorgt. Auch dieser wärmende Meilenstein im Kalten Krieg führte zu neuer Bevorratung: Unter dem Stößensee wurde in 800 Metern Tiefe ein natürliches Erdgaslager angelegt — es existiert noch heute. Bjoern Weigel

„Kommt die D-Mark...": Wirtschaftliche Überlegenheit

Die D-Mark als Symbol eines besseren Lebens: Schon Anfang 1990 nahmen immer mehr Menschen Abstand von der Idee einer reformierten DDR — materielle Interessen rückten in den Vordergrund. Eindringliche Bitten, die DDR nicht zu verlassen und stattdessen an ihrer grundlegenden Reformierung mitzuarbeiten, hatte es seit Herbst 1989 gegeben. Etwa ab Anfang 1990 wurde aber auch auf Demonstrationen klargemacht, dass ein Bleiben direkt an die Einführung der D-Mark gekoppelt war: „Kommt die D-Mark bleiben wir kommt sie nicht geh'n wir zu ihr!"

Das reale Verhältnis zwischen Mark der DDR und D-Mark war aufgrund der völlig unterschiedlichen Wirtschaftssysteme kaum zu ermitteln. Die Wirtschaftsleistung der BRD überstieg diejenige der DDR etwa um das fünf- bis sechsfache. Der Schwarztausch-Kurs schwankte erheblich zwischen 3:1 und 10:1, rein nach der an idealtypischen Warenkörben gemessenen Kaufkraft betrug das Verhältnis etwa 1:1. Doch alle Tatsachen verblassten vor dem Bild, das die D-Mark symbolisierte: stabile Währung, garantierter Wohlstand.

Dass die Einführung der D-Mark in der wirtschaftlich vollkommen ausgebluteten DDR große soziale Verwerfungen mit sich bringen würde, wollte kaum jemand wahrhaben. Zu sichtbar war der allgemeine materielle Wohlstand; seine Begleiterscheinungen — Arbeits- und Obdachlosigkeit — konnten als bedauerliches Randphänomen abgetan werden. Und in West-Berlin waren sie deutlich weniger sichtbar als anderswo. Die „Schaufensterpolitik" des Westens hatte jährlich Milliardenbeträge an Steuergeldern und Subventionen verschlungen. Dafür gab es in Berlin dann auch kaum Arbeits- und Obdachlose.

Retrospektiv lässt sich sagen: Die „blühenden Landschaften", die Bundeskanzler Helmut Kohl unmittelbar vor der Währungsunion 1990 den Ostdeutschen versprach, entstanden durch politische Freiheit, durch die Überwindung der SED-Diktatur, durch Selbstbestimmung und das Ende des Spitzelapparates — und nicht durch die D-Mark. Die massiven Investitionen in die Infrastruktur, die es dafür gebraucht hätte, mochte auch der westliche Wohlstandskapitalismus nicht zahlen. Bjoern Weigel

→ Abb. 1: Lagerung von Stroh aus der Senatsreserve in der Montanstaße in Berlin-Reinickendorf, 1966.

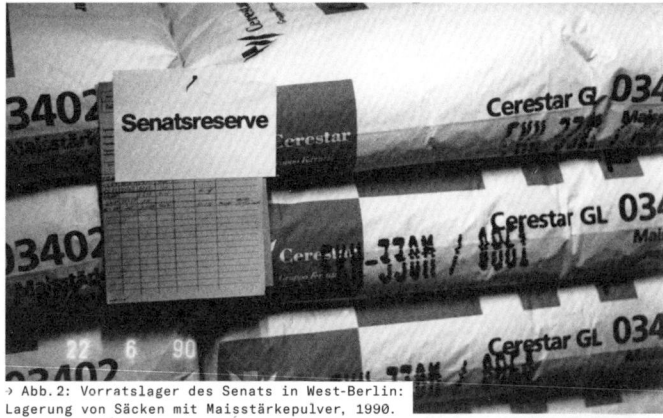

→ Abb. 2: Vorratslager des Senats in West-Berlin: Lagerung von Säcken mit Maisstärkepulver, 1990.

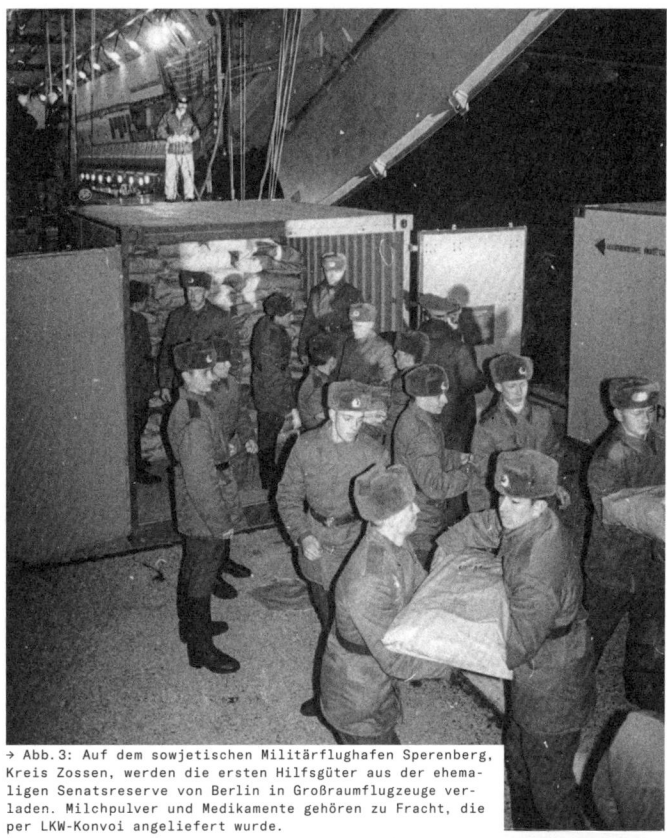

→ Abb. 3: Auf dem sowjetischen Militärflughafen Sperenberg, Kreis Zossen, werden die ersten Hilfsgüter aus der ehemaligen Senatsreserve von Berlin in Großraumflugzeuge verladen. Milchpulver und Medikamente gehören zu Fracht, die per LKW-Konvoi angeliefert wurde.

→ Abb. 4: „Kommt die D-Mark bleiben wir kommt sie nicht geh'n wir zu ihr!": Transparent auf einer Montagsdemonstration in Leipzig, 12.2.1990.

→ Abb. 5: Erste Enttäuschung ehemaliger DDR-Bürger*innen werden Ende 1990 bei einer Demonstration auf dem Karl-Marx-Platz in Leipzig auf einem Plakat formuliert: Der Protest richtet sich gegen Bundeskanzler Kohl, der „blühende Landschaften" versprochen hatte. Doch der Verlust von Arbeitsplätzen durch die Privatisierung verunsicherte die Menschen in den neuen Bundesländern.

Zeitzeuge

Mark König

→ geb. 1971, 1989 West-Berliner Abiturient.

Bis heute Gänsehaut und Tränen

Am 9. November sind wir nach der Tanzschule zurück auf den Ku'damm. Da rief einer: „Die Mauer ist auf!" Ich bekam sofort eine Gänsehaut. Der Ku'damm füllte sich sehr schnell und war nachher so voll, dass keine Autos mehr fahren konnten. Man war wie ein Molekül im Wasserglas. Die Ostdeutschen konnte man an den verwaschenen Jeans erkennen, die heute total in sind. Wir sind noch in die Disco Society gegangen und haben Ostdeutsche eingeladen. Es war ein besonderes Miteinander, ganz bewegend. Meine Eltern waren in einer Spätvorstellung im Theater am Ku'damm. Sie hatten keine Chance, normal aus dem Theater rauszukommen. Es war, als wenn man auf einmal neue Verwandte oder neue Freunde hatte. Da war so eine Grundfreude. Man war bereit, jeden einfach in den Arm zu nehmen. Das war wirklich überwältigend. Da stand eine junge Frau, die hat einfach nur geschrien vor Glück. Vielleicht war das für sie der erlebte Moment der Freiheit.

Die Mauer stand mein ganzes Leben. Meine Mutter ist als Blumenhändlerin zum Blumengroßmarkt gefahren, in die Friedrichstraße. Ich habe sie häufig begleitet, vorbei am Potsdamer Platz, damals eine reine Brache. All das war selbstverständlich, weil ich es nie anders kennengelernt hatte. Ich wusste nicht, was davor war. Als Berliner Kind kannte ich keine Vorstädte, wozu auch? Wir waren einmal mit dem Latein-Leistungskurs im Pergamonmuseum. Wir wurden gebrieft von unserer Lehrerin, was wir zu tun und zu lassen hatten. Das war eine ganz andere Stadt. Das war für mich nicht Berlin. Ich war sehr erschrocken, in welchem Zustand sich Straßen und Häuser befanden.

Man war nicht nur in einem anderen Land. Das waren zwei ganz verschiedene Kulturen, auch sprachlich. Begriffe wie „urst", was „sehr" bedeutet, waren mir nicht bekannt. Ungeheuer verbunden haben Partys. Da spielte es keine Rolle, wer aus dem Westen oder Osten kam. Beeindruckt war ich vom Ausbildungsstand der jungen Ostdeutschen. Ich habe mein Abitur 1991 gemacht und ein BWL-Studium an der TU Berlin angefangen. Viele wollten Wirtschaft im Westen studieren. Die sind von der HFÖ, der Hochschule für Ökonomie in Ost-Berlin, an die TU gegangen. Die Jungs und Mädels waren echt gut. Bei 1200 Studenten war klar, dass stark ausgesiebt werden würde. Die Durchfallquoten waren hoch. Es war bemerkenswert, wie viele von den

107

Westlern gehen mussten und wie viele von den Ostlern geblieben sind. Die haben tapfer durchgehalten und so gut abgeschlossen, dass sie in sehr gute Unternehmen gegangen sind. Die hatten das wirtschaftliche Denken schnell sehr gut drauf.

Meine Eltern waren wohlhabend. Daher sind wir mit relativ neuen Fahrzeugen durch die Gegend gefahren. So ein 7er BMW war schon etwas Besonderes. Wenn man auf einem Rastplatz im Osten hielt, bildeten sich schnell Trauben. Da wurde im Flüsterton gefragt, wie viel PS der hätte oder wie der sich fahren würde. Aber alles ohne Neid, das war mir sehr positiv aufgefallen.

2016 war ich im Urlaub an der Ostgrenze von Norwegen zu Russland. Diese Grenze ist völlig unbefestigt. Da ist ein Fluss und links steht ein Pfahl in Gelb und rechts ein grünrot gestreifter russischer Pfahl. Als Mauerkind denkt man, das kann es doch gar nicht geben, so wenig Schutz vor Russland. Es ist unfassbar unterschiedlich, wie Grenzen interpretiert und gelebt werden. Das hat mich sehr beeindruckt. Über den Grenzfluss pesen sie einfach rüber mit dem Hundeschlitten. Beide Seiten haben gelernt, miteinander zu leben.

Ich bin mal mit meinem Rennrad die Straße des 17. Juni runtergefahren. Die war so gut wie unbefahren, da war nie jemand unterwegs. Ich wäre so gern weitergefahren, aber auf einmal stand man an dieser Mauer. Das ist schon ein anderes Bild der Welt. Die Erde ist eine Kugel. Sie hat kein Ende, sie ist keine Scheibe, man fällt nicht runter. In West-Berlin war die Welt eine Scheibe, sie hatte eine Grenze. Und diese Grenze wurde stark bewacht.

Weil Militärparaden über die Straße des 17. Juni gegangen sind, war öfter abgesperrt. Das war auch eigenartig. Da liefen die Franzosen vorbei, dann die Briten, mit dem schottischen Regiment, die Herren im Röckchen, alles prima, dann die US-Amerikaner, auch prima. Dann kam der „böse" Russe. Die hatten zwar einen zackigen Stechschritt, aber wirkten nicht böse. Da war eine Dualität zwischen der Angst vor einem System und dem Wissen, dass diese Menschen genauso ihre Ängste, ihre Wünsche, ihre Sorgen um ihre Kinder haben. Trotzdem gehörte die Mauer zum bösen Teil der Macht, ganz eigenartig.

Nach dem Mauerfall haben sie uns in der Schule empfohlen, an der Weltgeschichte teilzuhaben, sie zu beobachten, zu erleben. Nie zuvor im Leben war ich aufgefordert worden, die Schule zu schwänzen. Die Lehrer haben uns geraten: Geht an die Orte! Die Stimmung am Brandenburger Tor war sehr untypisch, so eine Art Happening. Das fühlte sich gut und positiv an. Es gab erste Gespräche, ob man die Mauer einfach wegnimmt. Einige Tage später hatte der Kapitalismus den letzten Quadratmeter Westdeutschland ausgefüllt. Leute haben für fünf Mark Hammer und Meißel verliehen oder Mauerstücke verkauft. Schüler aus dem Englischkurs meiner Schule sind mit einem Koffer voller Mauerstücke in die USA gereist und mit Koffern voller Sportbekleidung zurückgekehrt. Es war das einzige Mal, dass ich bedauert habe, nicht Englisch, sondern Erdkunde als Leistungskurs genommen zu haben. Unsere Fahrt ging nur nach Rügen, was auch sehr schön war und ein interkulturelles Erlebnis, weil dort eine Klasse aus dem Ostteil der Stadt war.

Schnell wurden die Ostdeutschen in der Stadt sehr präsent. An den Banken standen sie in langen Schlangen für ihr Begrüßungsgeld an. Einmal hab ich mich angestellt, um Geld einzuzahlen. Da schrie der vor mir: "Leute, der bringt Geld, lasst den mal durch!" Noch nie im Leben war ich so im Mittelpunkt einer 300 Meter langen Menschenschlange. Sämtliche Augen waren auf mich gerichtet. Ich bin unter Zusprüchen und Klatschen zum Schalter und hab eingezahlt. Andererseits hatten Stammkunden meiner Mutter im Blumenladen einfach kein Bargeld. Sie sind nicht an die Banken rangekommen oder wenn, hatten die kein Geld mehr. Ganze Bereiche von Bolle (Berliner Einzelhandel, Anm. d. Red.) waren leergekauft. Wenn die eine Lieferung gekriegt haben, haben sie nur die Palette in den Laden geschoben. Es gab ein Gewusel und die Palette war leer — unfassbar. Mit den Menschen, die einfach nur Waren aus dem Westen wollten, kamen auch Leute, die nicht bezahlten. Meinen Eltern wurden zwei Autos im Gesamtwert von 200.000 D-Mark geklaut, auf Nimmerwiedersehen verschwunden. Ein Problem, das West-Berlin vorher in der Form nicht kannte, weil die Mauer drum herum war.

Das Brandenburger Tor war wie ein mini drittes Deutschland, weder Ost noch West, so ein neutraler Nukleus. Vielleicht war das seine Chance, zu so einem Symbol zu werden, weil vorher beide Seiten nicht ran konn-

ten. Es ist ein einzigartiger Teil der Weltgeschichte — die Wiedervereinigung eines Volkes aus seinem eigenem Willen. Das Brandenburger Tor ist das Symbol der Wiedervereinigung. Ich denke an die Momente zurück, mit Gänsehaut und Tränen, mit Freude, mit Erleichterung, mit allem, was dazugehört.

Ich habe sehr viel Respekt vor der Leistung der DDR-Bürger. Ohne ihr Engagement und ihre Leidenschaft wäre all das nicht passiert. Diese Menschen haben ein Wunder vollbracht. Bis Sonnabend, 13 Uhr (der Mauerfall war am Donnerstag, Anm. d. Red.) waren 1,1 Millionen Menschen aus Ostdeutschland nach West-Berlin gekommen. Zwischen Fünf- und Zehntausend haben einen Antrag auf Asyl gestellt. Die Menschen wollten nicht weg aus der DDR, sie wollten die DDR nur anders. Viele Wünsche, Hoffnungen, Vorstellungen von Menschen, die ihr Land weder aufgeben noch verlassen wollten, sind ein Stück zu kurz gekommen. Da gibt es Nachholbedarf. Wir sind wiedervereinigt und die großen Fragen sind: Wo wollen wir hin? Wie wollen wir sein? Wie wollen wir deutsch sein, was heißt das?

→ Mark König am Tag der Vereinigung vor dem Reichstagsgebäude, 3.10.1990.

5 Stasi-Zentrale

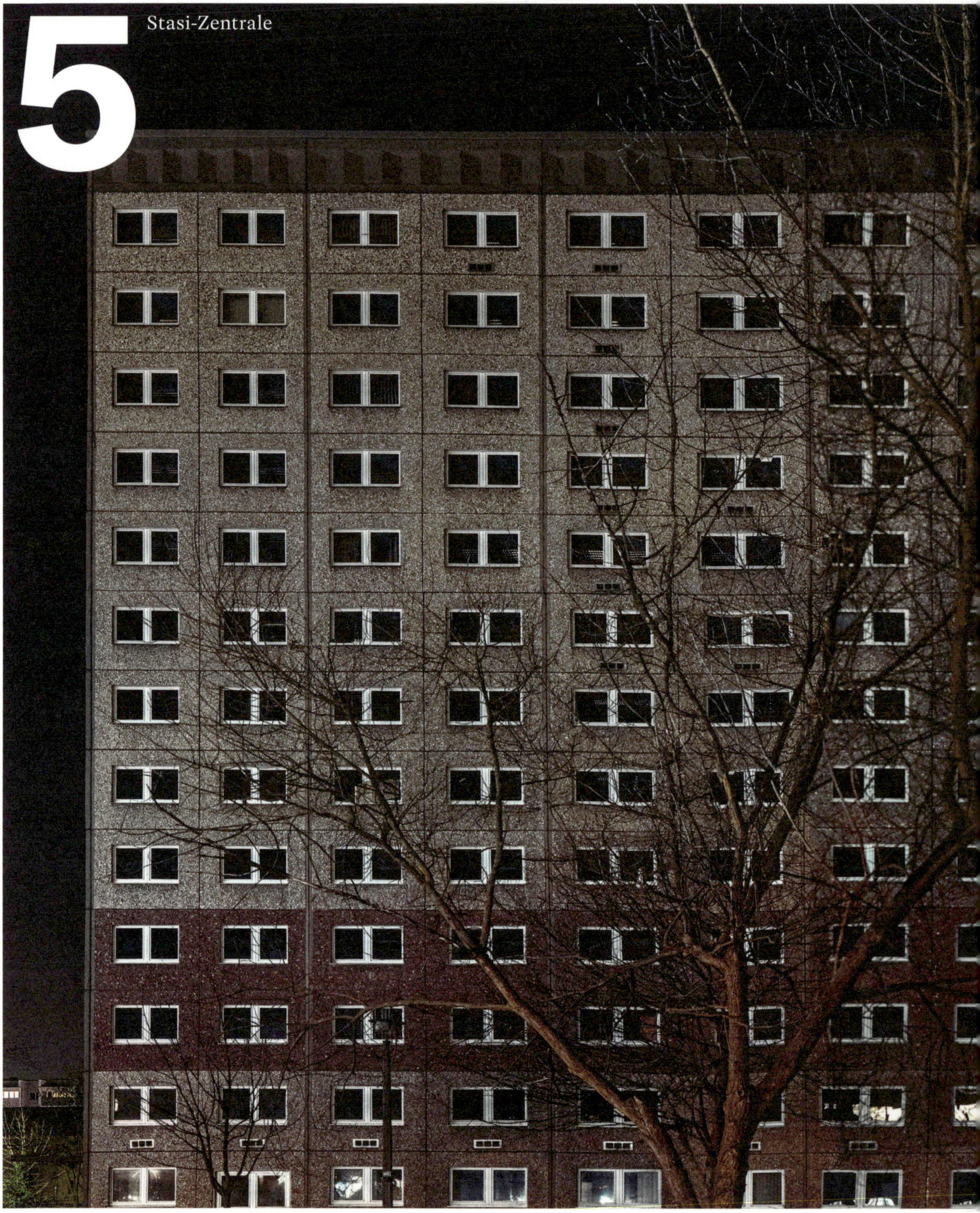

Stasi-Zentrale Repression und Aufarbeitung

Ab Dezember 1989 wurden in der ganzen DDR die Dienststellen der Geheimpolizei von Demonstrant*innen besetzt. Am 15. Januar 1990 drangen schließlich Tausende in die Berliner Stasi-Zentrale ein. Der SED wurde ihre wichtigste Machtstütze endgültig entrissen. Bürgerkomitees versuchten, die Auflösung des Geheimdienstes zu kontrollieren und die Vernichtung der Stasi-Akten zu verhindern.

Auch wenn damit das Ende der Stasi besiegelt war, die Diskussionen um den Umgang mit ihren Akten hatten gerade erst begonnen. Als im Zuge der Verhandlungen zur Deutschen Einheit die Befürchtung aufkam, die Akten könnten geschlossen bleiben, kam es zu einer erneuten Besetzung. Im September 1990 drangen Bürgerrechtler*innen in den Verwaltungstrakt des Stasi-Unterlagen-Archivs ein und begannen einen Hungerstreik. Sie wollten den Zugang von Betroffenen zu den Akten sichern — und hatten Erfolg. Seit Dezember 1991 regelte das Stasi-Unterlagen-Gesetz das Recht der Betroffenen auf Akteneinsicht ebenso wie die politische, historische und juristische Aufarbeitung der Tätigkeit der Geheimpolizei. Die MfS-Akten über vier Millionen Ostdeutsche und zwei Millionen Westdeutsche bieten eine einzigartige Möglichkeit, wenigstens nachträglich hinter die Kulissen des Systems zu schauen.

→ Abb. 1: Protest in der Stasi-Zentrale, 15.1.1990.

→ Abb. 2: Besetzung der Stasi-Zentrale, September 1990.

„Zwei Techniker haben in der Nacht der Erstürmung dort einsam und allein gesessen und philosophiert, was aus ihren Jobs wird: ‚Wir haben hier über Jahre gut gearbeitet und waren nur für die Technik zuständig.‘ Aber wenn man zwanzig Jahre im Dienste der Stasi gearbeitet hatte, hat man später nicht unbedingt wieder einen Job bekommen. Da waren erstmal andere an der Reihe."

→ Katrin Klocke, *1965, Journalistin bei Spiegel TV, heute Programmdirektorin von Spiegel TV Wissen

→ Abb. 3: Aufräumen nach der Besetzung der Stasi-Zentrale am 15.1.1990. Auch am Tag danach erinnert ein Schild daran, was die Demonstrant*innen von der Geheimpolizei halten, 16.01.1990.

„Mein Bruder wollte die DDR verlassen. Ich wurde deswegen zu Hause verhört, hatte mich gerade zum Studium beworben. Ich dachte: Das Studium hat sich erledigt. Wenn jemand klingelt und so einen Ausweis zeigt — das kennt man ja nur aus dem Film! Der hat mir eine Telefonnummer mit Decknamen gegeben. Ich musste zeigen, wo ich die verstecke. Nach drei, vier Wochen habe ich das meinem Mann erzählt. Da war die Telefonnummer nicht mehr in diesem Buch. Das hat uns richtig irritiert. Wir haben alles weggeschmissen, was uns irgendwie hätte in Schwierigkeiten bringen können. Letztendlich wurde ich zum Glück zum Studium zugelassen."

→ Désirée Eiben, *1958,
Grafikerin aus Ost-Berlin

→ Abb.1: Am 15.1.1990 dringen Demonstrant*innen in den Gebäudekomplex des Ministeriums für Staatssicherheit in Berlin-Lichtenberg ein.

→ Abb.2: Blick in den Innenhof des Gebäudekomplexes der Stasi-Zentrale am 15.1.1990.

→ Abb.3: Ein Bürgerkomitee tagt am 15.1.1990 in der Stasi-Zentrale.

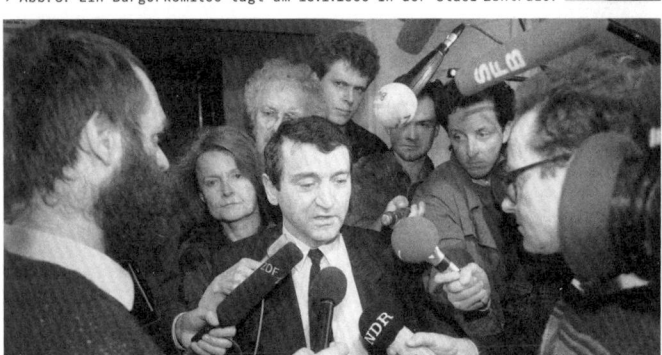

→ Abb.4: Wolfgang Schnur im Interview mit der Presse im Januar 1990. Kurz vor der Volkskammerwahl zwei Monate später wird der Vertreter der Bürgerbewegung Demokratischer Aufbruch als inoffizieller Mitarbeiter der Stasi enttarnt. Seine politische Karriere ist beendet.

→ Abb.5: Demontage: Rund um den etwa einen Quadratkilometer großen Komplex des ehemaligen Ministeriums für Staatssicherheit in der Normannenstraße beginnt der Abbau der Überwachungsanlagen, 9.2.1990.

„Freiheit für meine Akte"

Für diesen Ort, die ehemalige Zentrale des Ministeriums für Staatssicherheit (MfS), ist der 15. Januar 1990 das zentrale Datum. An jenem Tag hatten sich Tausende von Menschen vor den Toren des Komplexes zu einer Demonstration versammelt. „Mit Fantasie und ohne Gewalt", so hatte die Bürgerbewegung Neues Forum aufgerufen, sollte gegen die Stasi — das Amt für Nationale Sicherheit, wie es seit Kurzem hieß — protestiert werden. Die Auflösung der verhassten Geheimpolizei stand auf der Tagesordnung. Gegen 17 Uhr öffneten sich die Tore an der Rusche- und Normannenstraße, Menschen strömten auf das Gelände. Mit diesem Moment war auch die letzte Bastion der Stasi von Bürger*innen besetzt.

Dieser Prozess hatte bereits Anfang Dezember 1989 begonnen, als bekannt wurde, dass die Stasi in ihren Dienststellen in den DDR-Bezirken begonnen hatte, Dokumente zu vernichten. Ab dem 4. Dezember besetzten mutige Frauen und Männer daraufhin die Bezirksverwaltungen und behinderten die weitere Arbeit. Bürgerkomitees formierten sich und verlangten, die Vernichtung zu stoppen sowie die Akten unter ihre Kontrolle zu stellen. Dass die Zentrale in Berlin seither wochenlang ohne Bürgerkontrolle blieb, hatte viele ungeduldig gemacht. Vertreter*innen der regionalen Bürgerkomitees waren schließlich in jenen Januartagen nach Berlin gereist und schon auf dem Gelände, als die Menge hereinströmte.

In der Dunkelheit des Winterabends gelangten sie in das „Haus 18", den sogenannten Dienstleistungskomplex. 1982 eröffnet, war das Gebäude mit Geschäften und Restaurants für die Versorgung der hauptamtlichen MfS-Mitarbeiter errichtet worden. Die Demonstrant*innen fanden also zunächst keine Akten, sondern Ladengeschäfte, einen Kinosaal und Lagerräume mit Lebensmitteln. Über diese Besetzung der mächtigen Zentrale des MfS wurde zeitgleich im Fernsehen der DDR sowie bei ARD und ZDF berichtet. Es war ein unmissverständliches Zeichen und zentrales Symbol der Friedlichen Revolution: Die Stasi war am Ende. Und damit war der Boden für das bereitet, was Demonstrant*innen auf ein Wachhäuschen schrieben: „Freiheit für meine Akte!" Roland Jahn

Vernichten oder erhalten?

Nach der Besetzung der Stasi-Zentrale am 15. Januar 1990 begann auch in Berlin die Arbeit eines Bürgerkomitees. Die vollständige Auflösung des Amtes für Nationale Sicherheit bzw. der als nachfolgend geplanten zwei neuen Nachrichtendienste war politisch beschlossen. Aber wer überwachte die Auflösung? Wem konnte man trauen? Die Neuankömmlinge auf dem Gelände waren den langjährigen Mitarbeiter*innen der Stasi in vielerlei Hinsicht unterlegen.

Zwischen den Zuständigen wurden plötzlich weitere Vernichtungen angedacht, sogar mit Zustimmung der Bürger*innen, die noch vor wenigen Wochen die Diensträume zur Sicherung der Akten besetzt hatten. Es gelang den Vertreter*innen der HV A, der Auslandsspionage der Stasi, den zuständigen Runden Tisch davon zu überzeugen, dass sich der Dienst in Eigenregie auflösen durfte, womit er im Archiv und seinem Bürokomplex „Haus 15" sofort begann. Im Februar 1990 starteten, offiziell genehmigt, der Abtransport und die Vernichtung der elektronischen Datenträger als Resultat einer zu dem Zeitpunkt noch offenen Debatte über die Akten. Für die einen waren sie das zentrale Mittel zur Aufklärung über die SED-Diktatur, für die anderen eine „tickende Zeitbombe", die entschärft gehörte. Sogar die Vernichtung aller personenbezogenen Akten wurde von den Stasi-Auflöser*innen auf dem Gelände angedacht.

Die ersten freien Wahlen zur Volkskammer am 18. März 1990 trugen die Debatte in die breite Öffentlichkeit. Zwei Spitzenkandidaten von neu gegründeten Parteien (Wolfgang Schnur vom Demokratischen Aufbruch und Ibrahim Böhme von der Ost-SPD) wurden auf Basis von Stasi-Akten als inoffizielle Mitarbeiter (IM) des Ministeriums für Staatssicherheit enttarnt. Ohne Akten wären sie unerkannt gewählt worden. Nur der Erhalt der Akten bot die Chance, konkret dokumentiertes Handeln in der SED-Diktatur transparent zu machen. Der Aktenzugang war für die Entwicklung demokratischer Verhältnisse in der DDR unverzichtbar geworden. Pläne zur weiteren Vernichtung waren damit vom Tisch. Die Debatte um die Stasi-Akten hatte eine erste Hürde genommen. Roland Jahn

Erste Enthüllungen über die Zusammenarbeit mit der Staatssicherheit

Die ersten Enthüllungen über Inoffizielle Mitarbeiter (IM) der Stasi begannen im März 1990 — kurz vor den Volkskammerwahlen. Einer der ersten prominenten Fälle war der des Rechtsanwalts Wolfgang Schnur, der jahrelang prominente Bürgerrechtler*innen vertreten hatte und im Umfeld der evangelischen Kirche großes Vertrauen besaß. Er bewarb sich bei den Volkskammerwahlen für das Amt des Ministerpräsidenten. Schnur befand sich auf Wahlkampftour mit dem amtierenden Bundeskanzler Helmut Kohl, als sich die Nachricht vom spektakulären Aktenfund verbreitete. Das Bürgerkomitee in Rostock hatte Akten gefunden, die auf seine inoffizielle Stasi-Tätigkeit schließen ließen. Anfangs stritt Wolfgang Schnur alles ab, Parteifreunde verbürgten sich für ihn und glaubten an eine gezielte Verleumdungskampagne der Stasi. Doch wenige Tage später gestand er, IM gewesen zu sein — über 20 Jahre unter verschiedenen Decknamen. Schnurs Politikkarriere endete mit den Enthüllungen.

Das gleiche galt für den Ost-CDU-Politiker Martin Kirchner, den stellvertretenden Landeskirchenratsvorsitzenden der Thüringer Evangelisch-Lutherischen Kirche. Auch die Informationen über seine IM-Tätigkeit gelangten an die Öffentlichkeit, er wurde zwar in die Volkskammer gewählt, aber im August 1990 von seinen Ämtern entbunden.

Eine der schillerndsten Figuren, deren Zuträgerschaft für die Geheimpolizei im März 1990 bekannt wurde, war Manfred „Ibrahim" Böhme. Den Beinamen hatte er sich selbst gegeben, um auf seine erfundene jüdische Abstammung anzuspielen. Böhme hatte über Jahrzehnte den inneren Kreis der Oppositionsszene der DDR ausspioniert und avancierte zu einer der Führungspersonen der SPD während der Volkskammerwahlen. Sein langjähriger Freund, der Dichter Reiner Kunze, nahm als einer der ersten Einsicht in seine Stasiakte. Kunze identifizierte Böhme zweifelsfrei als IM. Dieser leugnete bis zuletzt, obwohl die Akten ihn belasteten. Die prominenten Enthüllungen waren nur der Beginn der Jahre dauernden Aufarbeitung der DDR-Vergangenheit, zu der die Inoffiziellen Mitarbeiter der Staatssicherheit dazugehörten. Frank Ebert

→ Abb. 1: Ibrahim Böhme spricht am Abend vor ihrer Erstürmung vor der Berliner Stasi-Zentrale vor derselben zu den Demonstrant*innen, 15.01.1990, Foto: Thomas Uhlemann. Böhme war seit 1968 Inoffizieller Mitarbeiter (IM) beim Ministerium für Staatssicherheit, was er aber bis zu seinem Tod 1999 leugnete.

→ Abb. 2: Eine Woche vor der Volkskammerwahl stand der Demokratische Aufbruch noch hinter Wolfgang Schnur, dessen langjährige Zusammenarbeit mit der Staatssicherheit die Aktenfunde bald bewiesen, 11.3.1990.

→ Abb. 3: Auf der vom Wahlbündnis 90 und der Grünen Partei initiierten Demonstration vom Alexanderplatz zum Palast der Republik, 29.3.1990.

→ Abb. 1: Demonstrierende während der Besetzung der Stasi-Zentrale am 15.1.1990.

Denunziation in der DDR

Unmittelbar nach dem Mauerfall und der Öffnung der Stasiakten gerieten die Inoffiziellen Mitarbeiter der Staatssicherheit in den Fokus des öffentlichen Interesses. Die ersten Menschen hatten Einsicht in die Hinterlassenschaften des Geheimdienstes genommen und auf diese Weise herausgefunden, dass die Stasi ein Spitzelsystem installiert hatte, das offenbar die Bürger*innen bis in ihre Privatsphäre ausgespäht hatte und auch vor Freundschaften und Familie nicht Halt machte.

Doch viel zu oft konzentrierte sich die mediale Aufarbeitung auf das Label „IM", das wenig differenzierte, ob jemand sich lediglich zur Zusammenarbeit mit der Staatssicherheit verpflichtet, aber keine Berichte geliefert hatte oder ob jemand über Jahre hinweg kontinuierlich Berichte geschrieben und dabei Tausende Aktenseiten mit belastenden Informationen gefüllt hatte. Hinter der Frage, ob jemand IM war oder nicht, traten andere Formen der Systemkonformität völlig zurück und verschleierten zudem die Auftraggeberin, dessen Schild und Schwert das Ministerium für Staatssicherheit gewesen war — die SED.

Außerdem existierten in der DDR neben dem informellen Netzwerk der Staatssicherheit auch andere Kooperationsformen, die missliebiges Verhalten überwachen sollten. Die Partei- und Massenorganisationen überwachten abweichende Haltungen in der Schule und im Beruf. Die politische Einschätzung war immer Teil von Berichten über Personen, die Karrieren befördern und behindern konnten und beispielsweise den Zugang zum Studium unmöglich machten. Zugleich fertigten Volkspolizei und Staatssicherheit mithilfe von offiziellen und inoffiziellen Quellen Auskunftsberichte über Personen an, die Reisen ins westliche Ausland beantragten oder für Berufspositionen mit Sicherheitsstufe vorgesehen waren. Zugleich standen Volkspolizei, Staatssicherheit, aber auch Räte der Kreise und Bezirke sowie die SED für Meldungen aller Art als Ansprechpartner zur Verfügung. Hierhin wandten sich Personen, die politisches Fehlverhalten ihrer Mitmenschen anzeigen wollten und sich dafür per Brief, per Telefon oder persönlich an die Dienststelle wandten. Bei den Institutionen der Staatsmacht, die über ihre Bürger umfassend informiert sein wollte, stießen sie hierbei auf ein offenes Ohr. _{Anita Krätzner-Ebert}

Freigelassen — die letzten politischen Gefangenen der DDR

Mindestens 200.000 Menschen saßen in der DDR aus politischen Gründen in Haftanstalten. Neben Kritikern des kommunistischen Systems gehörten dazu vor allem Menschen, die die DDR verlassen wollten, um ein Leben in Freiheit zu führen. Trotz regelmäßiger Amnestien und des Freikaufs von 35.000 Inhaftierten durch die Bundesrepublik waren die über 80 Gefängnisse der DDR meist übervoll.

Die Friedliche Revolution im Herbst 1989 führte nicht nur zum Fall der Berliner Mauer. Sie brachte auch den politischen Gefangenen der DDR die Freiheit. Im Sommer 1989 hatten Hunderte von DDR-Bürger*innen die bundesdeutsche Botschaft in Prag besetzt. Nach langwierigen Verhandlungen ließ die SED-Führung sie in die Bundesrepublik ausreisen. Am 27. Oktober 1989 beschloss der Staatsrat der DDR, auch diejenigen auf freien Fuß zu setzen, die in der DDR wegen Fluchtversuchen inhaftiert waren.

→ Abb. 2: Gefangenenstreik im Gefängnis Bautzen I (Gelbes Elend), 6.12.1989.

„Das war für viele politische Gefangene eine riesige Herausforderung, mit den Menschen, vor denen sie geflüchtet sind, wiedervereint zu werden. Das ist sehr schwer auszuhalten gewesen. Es hat im Wiedervereinigungsprozess viele Ungerechtigkeiten gegeben. Ehemalige Stasimitarbeiter sind mit sehr guten Renten davongekommen, viele Betroffene erhalten dagegen sehr wenig Rente. Es sind zerstörte Lebensläufe. So etwas einigermaßen erträglich zu machen, ist wirklich schwierig. “

→ Dr. Stefan Trobisch-Lütge, *1961,
Diplom-Psychologe, Psychotherapeut

Der Mauerfall am 9. November und der Rücktritt von SED-Politbüro und DDR-Regierung führten zu einem grundlegenden politischen Kurswechsel. Aufgebrachte Bürger*innen demonstrierten nicht nur vielerorts für freie Wahlen, sondern besetzten auch mehrere Dienststellen des Ministeriums für Staatssicherheit. Um die Situation zu entschärfen, erließ die neue DDR-Regierung am 12. Dezember 1989 eine umfassende Amnestie. Bis Weihnachten kamen alle politischen Gefangenen frei.

Einer der letzten politischen Häftlinge war Norbert Grohmer. Im September 1988 hatte ihn der Staatssicherheitsdienst der DDR verhaftet und ihn mehr als ein Jahr in der Untersuchungshaftanstalt Berlin-Hohenschönhausen festgehalten. Im Herbst 1989 wurde er wegen Spionage zu neun Jahren Haft verurteilt, die er in der Sonderhaftanstalt Bautzen II verbüßen sollte. Auch für ihn öffneten sich am 21. Dezember 1989 die Gefängnistore. Das Gefängnis in Berlin-Hohenschönhausen wurde am 3. Oktober 1990, dem Tag der Wiedervereinigung Deutschlands, geschlossen. Heute befindet sich dort eine Gedenkstätte, die jährlich von mehr als 450.000 Menschen besucht wird. Konstantin Neumann

Schuften für Devisen

In der DDR herrschte laut Verfassung Arbeitspflicht. Wer sich einer geregelten Arbeit entzog, konnte mit bis zu zwei Jahren Haft bestraft werden. Die Arbeitspflicht galt auch und besonders für Gefangene. Das Strafvollzugsgesetz der DDR legte fest, dass alle arbeitsfähigen Strafgefangenen zur „Arbeitsleistung verpflichtet" seien.

Der Arbeitszwang erstreckte sich auch auf politische Häftlinge — was völkerrechtlich verboten war. Oft mussten sie sogar besonders gefährliche Tätigkeiten verrichten und dabei hohe Arbeitsnormen erfüllen. Weil Arbeitsschutz kaum eine Rolle spielte, kam es immer wieder zu Unfällen mit schweren Verletzungen. DDR-Betriebe verkauften die Produkte teilweise an westdeutsche Unternehmen wie IKEA oder Quelle. Während die Haftanstalt den üblichen DDR-Lohn erhielt, bekamen die Häftlinge nur etwa 10 Prozent davon.

Monika Schneider musste im Frauengefängnis Hoheneck (Sachsen) Zwangsarbeit leisten. Nach einem Fluchtversuch war sie im Januar 1983 in Prag verhaftet worden. Pro Schicht musste sie an rund 300 Bettbezügen oder 400 Kopfkissen die Seitennähte zunähen. Wenn sie die Norm nicht erfüllte, drohte ihr Bestrafung wegen Arbeitsverweigerung. Insgesamt verbrachte sie zwei Jahre und vier Monate in Haft.

Im Frühjahr 1985 konnte die Bundesregierung Monika Schneider aus der DDR freikaufen. In der Bundesrepublik stieß Monika Schneider auf jene Produkte, die sie kurz zuvor im DDR-Gefängnis hergestellt hatte. Insgesamt zahlte die Bundesregierung an den DDR-Staat für den Freikauf von rund 34.000 politischen Häftlingen umgerechnet 1,7 Milliarden Euro. Die mindestens 200.000 DDR-Zwangsarbeiter*innen wurden nie entschädigt. Rebekka Straub

Die Akten gehören uns!

Wie kann der Zugang zu den Stasi-Akten gestaltet werden? Und wer darf sie zu welchen Zwecken nutzen? Dafür richteten die Parlamentarier*innen der ersten frei gewählten Volkskammer im Juni 1990 einen eigenen Ausschuss unter Vorsitz des Rostocker Pfarrers und Abgeordneten von Bündnis 90, Joachim Gauck, ein.

→ Abb.1: Näherei mit weiblichen Gefangenen im Zuchthaus Hoheneck, Dezember 1989, Foto: Wolfgang Thieme. Genäht wurde u.a. Bettwäsche für westdeutsche Versandhäuser.

→ Abb.2: „Besetzt": Transparent an der ehemaligen Stasi-Zentrale während der zweiten Besetzung, 4.9.1990.

Nach einer Vorlage des Ministerrats entwickelte der Ausschuss unter anderem ein Gesetz zur Nutzung der personenbezogenen Daten der Stasi. Es wurde am 24. August in der Volkskammer verabschiedet, gekoppelt mit der klaren Erwartung, dass der Aktenzugang auf dieser gesetzlichen Basis auch in den Einigungsvertrag übernommen würde.

Doch Ende August 1990 sah es so aus, als würden die Beschlüsse der Volkskammer zur Nutzung der Akten nicht berücksichtigt werden. Unter den Bürgerrechtler*innen verbreitete sich Unruhe, weil sie fürchteten, dass kurz vor dem Ziel der Aktenzugang doch noch verhindert würde. Am 4. September 1990 drangen daher ungefähr zwei Dutzend Bürgerrechtler*innen auf das Stasi-Gelände vor und besetzten den Westflügel von „Haus 7", den Vorbau zum Archiv. Darunter waren Bärbel Bohley, Reinhard Schult und Ingrid Köppe vom Neuen Forum, unterstützt vom Liedermacher Wolf Biermann und Hunderten von Demonstrant*innen vor dem Gelände. Während Joachim Gauck als Vorsitzender des Sonderausschusses der Volkskammer mit der bundesdeutschen Seite weiter über den Zugang zu den Stasi-Akten verhandelte, sorgten die Bürgerrechtler*innen für öffentliche Aufmerksamkeit — und für die Solidarisierung mit ihrem Vorhaben. „Die Akten gehören uns", das war ihr Schlachtruf, den sie mit einem Hungerstreik bekräftigten und der durch eine Mahnwache vor den Toren unterstützt wurde.

→ Abb. 1: Pressekonferenz in der ehemaligen Stasi-Zentrale: Die Besetzer*innen sprechen am 5.9.1990 mit Medienvertreter*innen über ihre Forderungen.

→ Abb. 2: Aus Solidarität mit den Besetzer*innen kommt am 5.9.90 der schon 1976 aus der DDR ausgebürgerte Liedermacher Wolf Biermann (Mitte) aus Hamburg angereist. Links neben ihm: der Vorsitzende des Sonderausschusses zur Kontrolle der Stasi-Auflösung der Volkskammer Joachim Gauck.

→ Abb. 3: Eva-Maria Hagen, Pamela Biermann, Katja Havemann, Jürgen Fuchs und Wolf Biermann während der ersten Akteneinsicht im Januar 1992.

→ Abb. 4: Pressekonferenz zum Thema „100 Tage Stasi-Unterlagen-Gesetz" am 14.04.1992: Joachim Gauck (r.), Bundesbeauftragter für die Unterlagen des Staatssicherheitsdienstes der ehemaligen DDR, und Hansjörg Geiger (l.), Direktor der Behörde des Bundesbeauftragten, informieren über die Tätigkeit der Behörde und erste Ergebnisse bei der Auswertung der Akten.

→ Abb. 5: Die bekannte Bürgerrechtlerin Bärbel Bohley (Mitte hinten) bei der Akteneinsicht im Lesesaal auf dem Gelände der ehemaligen Stasi-Zentrale, 1992.

Am 18. September war eine Kompromisslösung zum Umgang mit den Stasi-Akten gefunden, die in den Einigungsvertrag aufgenommen wurde: Das Recht der Betroffenen auf Akteneinsicht war darin ebenso verankert wie die „politische, historische und juristische Aufarbeitung der Tätigkeit" der ehemaligen Geheimpolizei. Die Stasi-Akten waren auf dem Weg in das vereinte Deutschland. ^{Roland Jahn}

Einblick ins Geheime

Mit dem Tag der Deutschen Einheit, dem 3. Oktober 1990, nahm der „Sonderbeauftragte der Bundesregierung für die personenbezogenen Unterlagen des ehemaligen Staatssicherheitsdienstes" seine Arbeit auf. Joachim Gauck war mit diesem Amt betraut worden. Während das Archiv mit den Stasi-Unterlagen am Ort der ehemaligen Stasi-Zentrale in Lichtenberg blieb, bezog der Sonderbeauftragte Räume in einem ehemaligen Regierungsgebäude der DDR in der Glinkastraße in Mitte, um die Behörde aufzubauen.

Die enorme Herausforderung lag darin, einen Aktenbestand, der nie für die Öffentlichkeit gedacht war, zu durchdringen und für die Akteneinsicht zu öffnen. Hunderttausende von Menschen wollten Zugang zu den Daten, die die Stasi über sie angelegt hatte. Hunderttausende von Mitarbeiter*innen des öffentlichen Dienstes und der Parlamente mussten auf eine frühere geheime Tätigkeit für das Ministerium für Staatssicherheit überprüft werden. Zudem galt es, die Aktenbestände der Bezirke, die in eigenen Archiven in den Regionen verblieben waren, in die Arbeit und in die Transformation eines geheimen Bestandes in ein öffentliches Archiv einzubeziehen.

Mit einem kleinen Aufbaustab von 60 Mitarbeiter*innen legte der Sonderbeauftragte los. Am 12. Dezember 1990 wurde eine erste Nutzerordnung verabschiedet, um den Zugang unter anderem für die Überprüfungen im öffentlichen Dienst zu ermöglichen. Ende des Jahres 1991 war die neue Behörde auf einen Stab von knapp 600 Mitarbeiter*innen angewachsen und hatte 350.000 Auskünfte für den öffentlichen Dienst erteilt. Das Stasi-Unterlagen-Gesetz wurde schließlich am 29. Dezember 1991 verabschiedet. Damit war die Basis für einen rechtsstaatlichen Zugang zu den Stasi-Akten gelegt, der bis heute gilt.

Am 2. Januar 1992 konnten erstmals Bürger*innen Einsicht in jene Akten nehmen, die die Geheimpolizei Stasi zu DDR-Zeiten über sie angelegt hatte. Seither sind über drei Millionen Anträge zur persönlichen Akteneinsicht bearbeitet worden. Aber auch Wissenschaft und Medien nutzen das Archiv zur Aufklärung über die SED-Diktatur. ^{Roland Jahn}

→ Stasi-Untersuchungsgefängnis Berlin-Hohenschönhausen, November 1990.

Begreifen, woher wir kommen, um zu wissen, wohin wir gehen

Im Dreiklang von Repression, Revolution und Aufklärung am Campus für Demokratie liegt die Chance für unsere Gegenwart

von
ROLAND JAHN / Bundesbeauftragter für die Unterlagen des Staatssicherheitsdienstes der ehemaligen Deutschen Demokratischen Republik (BStU)

Was also fängt man an mit dieser Vergangenheit der DDR? In Berlin-Lichtenberg steht der massive Komplex des Ministeriums für Staatssicherheit, der einst über 7.000 Mitarbeiter*innen beherbergte. Die Stasi-Zentrale, Ort der Schreibtisch-täter*innen und der Organisation von Repression zur Stützung der Ein-Parteien-Herrschaft der SED. Seit ich 2012 die Idee in den öffentlichen Raum gebracht habe, aus diesem Ort einen Campus für Demokratie zu machen, gab es zunächst auch Kopfschütteln über die Idee, ausgerechnet das Gelände des ehemaligen Ministeriums für Staatssicherheit in einen lebendigen Ort zur Auseinandersetzung mit Demokratie und Menschenrechten zu verwandeln. Aber für mich ist dieser Ort dafür herausragend geeignet, denn es geht dabei vor allem um unsere Zukunft.

Natürlich ist es ein Ort der Repression. Das halten die Geschichtsbücher fest und das erblickt das Auge. Eine Ansammlung an Gebäuden, die, über 40 Jahre gewachsen, den Mitarbeiter*innen in der Zentrale des Ministeriums für Staatssicherheit ihre Büros, Telefone und Alltagsabläufe gab. In Berlin-Lichten-berg hatte Stasi-Minister Mielke seinen Dienstsitz in „Haus 1", und in über 40 weiteren Gebäuden verrichteten Tausende hauptamtliche Staatssicherheits-bedienstete ihren Büroalltag. Es ist der Ort der Schreibtischtäter*innen, dort wo das „Schild und Schwert der Partei", wie sich die Stasi in der SED-Diktatur nannte, sein Denken zu Papier brachte und die Anweisungen zur Beobachtung, Verfolgung und oft auch zur Verhaftung von politisch missliebigen Bürger*innen verfasste. Von diesem Ort ausgehend wurde aus den Anweisungen eine Realität, die das Leben von Zehntausenden Menschen erfasste und oft zerstörte.

Aber mindestens so wichtig ist die historische Tatsache, dass dies auch ein Ort der Revolution ist. Während der Friedlichen Revolution in der DDR besetzten am 15. Januar 1990 mutige Bürger*innen die Zentrale der Stasi. Mit diesem Akt sicherten sie die Akten der DDR-Geheimpolizei vor einer weiteren Vernichtung. Und sie setzten erstmals in der Welt durch, dass diese Akten komplett und sofort der Gesellschaft zur Verfügung standen, im Besonderen den Betroffenen, die jahrzehntelang von der Stasi ins Visier genommen worden waren. Diese Errungenschaft der Friedlichen Revolution wurde in der Demokratie des vereinten Deutschlands auf rechtsstaatlicher Basis umgesetzt.

Damit steht die ehemalige Stasizentrale historisch für die Repression durch die SED-Diktatur, gleichzeitig aber steht sie historisch auch für eine zweite, stärkere Botschaft: Diktatur ist überwindbar! Menschen haben die Kraft, gegen Unrecht anzugehen, ihre Rechte einzufordern und einem Staat Rechenschaft für sein Handeln abzuverlangen. Genau das macht diesen Ort heute zu einem besonderen Lernort für Demokratie. Er vermittelt uns eindringlich, dass wir unsere Vergangenheit kennen sollten, damit wir wissen, wohin wir in Zukunft gehen wollen.

Denn genau darum geht es auch heute, fast drei Jahrzehnte später: einen Kompass zu finden, der uns hilft zu erkennen, wie wir Gesellschaft gestalten wollen. In der Beschäftigung mit der Stasi und ihren Formen der Repression steckt auch die Erkenntnis über die Zerbrechlichkeit von Menschen und unsere Anfälligkeit für die Anpassung an unsere eigene Unterdrückung. Wie konnte es sein, dass die DDR 40 Jahre lang funktionierte? Die Antwort auf diese Frage ist komplex und für jedes Jahrzehnt der SED-Diktatur unterschiedlich zu beantworten. Aber jede der Antworten hat immer auch etwas mit der Anpassung an die geforderten Normen zu tun und mit den Mechanismen, die dafür sorgten, dass sich Menschen diesen Zumutungen unterwarfen.

Im Sozialismus groß zu werden hieß, das von der Partei Geforderte zu leben. Wer damit kein Problem hatte, kam in der Gesellschaft der DDR zurecht, auch wenn man schnell an Grenzen stieß — Grenzen bei der Arbeit, bei der Entfaltung aller Fähigkeiten, nicht zuletzt auch beim Konsum, bei der Art, wie man leben wollte und mit welchen Dingen man sich umgeben konnte.

Die SED proklamierte eine gerechte Gesellschaft, aber die Rechte des Einzelnen waren grundsätzlich eingeschränkt. Wer Meinungsfreiheit wollte, wer andere als nur die im Sozialismus organisierten Parteien wählen wollte, wer unabhängig von staatlicher Kontrolle leben und sich artikulieren wollten, galt als „Gefahr“. Wer sich den Anpassungsmechanismen verweigerte, wurde zum „Staatsfeind“ und verfolgt. Dies war nicht nur für den Einzelnen ein massiver Einschnitt in sein Leben und seine Freiheit, sondern es sollte vor allem die anderen davon abhalten, sich jemals auch nur dafür zu interessieren, alle ihnen zustehenden Rechte einzufordern.

Wieder und wieder kann all dies in den Stasi-Akten nachgelesen werden. Sie sind damit für mich auch ein riesiges Reservoir an Erkenntnissen über die menschliche Natur, über die Verführbarkeit des Einzelnen, den Mut weniger und die Angst vieler. Auf eine Art sind sie damit auch ein brennendes Plädoyer für die Demokratie, für Menschenrechte, für den Rechtsstaat. Aber sie zeigen auch, wie es dazu kommen kann, dass Menschen in einem System leben, das die Menschenrechte ignoriert. Wie lange diese Art, Gesellschaft zu gestalten nachwirkt, ist auch drei Jahrzehnte nach dem Ende der DDR noch zu erkennen.

Natürlich gab es auch ein normales Leben in der Diktatur. Aber es war ein Leben, das die Beschränkung aller Rechte akzeptierte. Sich das klar zu machen, sich das auch vielleicht einzugestehen, ist nicht einfach. Es tut weh. Und es führt vielleicht zu unbequemen Fragen nach dem eigenen Leben in der Diktatur. Und den Blick auf dieses Leben heute, im vereinten Deutschland. Genau deshalb ist es für mich so brennend wichtig, am Ort des Repressionsinstruments über die Diktatur nachzudenken, sie zu analysieren, um daraus Lehren zu ziehen, um Demokratie lebendig zu gestalten.

Dafür ist der Campus für Demokratie auf eindrückliche Weise geeignet. Er ist kein Ort der Verkündung, sondern er ist darauf angewiesen, dass jeder mitdenkt und auch mitgestaltet. Für jeden, der hierherkommt und sich mit Geschichte beschäftigen will, soll es ein offenes Angebot sein. Die Fragen der nächsten Generation stehen im Mittelpunkt der Campus-Idee: Wie hat die Diktatur funktioniert? Warum konnte sie so lange existieren? Wie haben die Menschen damals gehandelt und warum? Was bedeuten Begriffe wie Privatsphäre, Anpassung und Widerspruch heute für uns? Ein Campus für Demokratie, so die Idee, ist ein Ort der Auseinandersetzung und des Diskurses über aktuelle Fragen. Es geht auch um Lebensgestaltung heute und um die Entwicklung von Urteilsfähigkeit, es geht um den Respekt vor jedem Einzelnen und seinen Rechten.

Das passt auch zu dem, was seit nun bald 30 Jahren an diesem Ort praktiziert wird, die Erfüllung einer Forderung der Friedlichen Revolution: „Jedem seine Akte!" Es ist der Ort, an dem die Stasi-Unterlagen auf rechtsstaatlicher Basis zugänglich gemacht werden — für die Aufklärung des eigenen Schicksals, für Forschung und Medien, für öffentliche Stellen. Die Akten aus dem Stasi-Unterlagen-Archiv unterstützen somit in einmaliger Weise die Aufklärung über die Herrschaftsmechanismen der Diktatur. Das wird unbeschränkt weitergehen, an diesem Ort. Denn die Kultur des Erinnerns gibt uns die Chance, die Erfahrungen der Vergangenheit zu nutzen und uns für die Herausforderungen der Demokratie zu sensibilisieren.

Alexander Arnold

→ geb. 1961, bereits als Schüler von der Stasi verfolgt, zu einer Bewährungsstrafe verurteilt, 1983 inhaftiert, zunächst im Stasi-Gefängnis „Lindenhotel" in der Potsdamer Altstadt, als Durchgangsstation für eine Nacht in Magdeburg und über ein Jahr in der Gefängnisanstalt Naumburg, dort Zwangsarbeit im Möbelbau u.a. für Ikea, 1984 in den Westen freigekauft.

Wir haben nicht wirklich aufgearbeitet

In der Untersuchungshaft fand ich es besonders schlimm. Keine Musik, nicht weiter gucken können als die Zelle reicht, keine Fenster drin, Glasbausteine. Allerdings gab es eine Bibliothek. Ich bin mir sicher, dass die Stasi nicht wusste, welche Literatur sie da verteilte. Ich saß in Stasihaft und habe Biermann-Lieder oder -texte gelesen oder Wegener-Texte. Wenn du das Buch genau angeguckt hast, gegen das Licht gehalten, waren oft einzelne Buchstaben aus den Sätzen mit dem Fingernagel angepiekt. Wenn man die wieder zusammengesetzt hat, kriegte man die ganze Story von demjenigen zusammen, warum der gesessen hat. Das war immer interessant, Kassiber nennt sich das.

Naumburg war unsere Endstation, wo wir die Haftzeit bis zum Schluss verbringen sollten. Ich war ja zu 14 Monaten verurteilt. Es gab Zellentracks mit bis zu 40 Leuten in einer Zelle, die Dreistock-Betten-Zellen. Das war schrecklich. Das war überhaupt das ganze Knastziel, man sollte einfach schuften. In riesigen Hallen standen uralte, riesige Maschinen. Metallstanzen ohne Schutz-

einrichtungen, weil sonst die Maschinen die Normen nicht geschafft hätten. Die haben uns eingeweiht, dass wir tatsächlich für Ikea arbeiteten, auch für Quelle.

Wir hatten 250 Prozent Arbeitsnorm gegenüber der Zivilnorm. Wer das nicht eingehalten hat, wurde bestraft. Wenn sich das im Rahmen von 80 bis 100 Prozent gehalten hat, waren es kleine Bestrafungen. Unter 80 Prozent gab es richtig Strafe. Bis zu 14 Tagen sperrten die einen in die „Mumpe" (kalte Dunkelzelle, Anm. d. Red.), und das bei Wasser und Brot. Die noch schlimmere Strafe war die sogenannte Iso-Station. Da musste man sich schon richtig mit denen angelegt haben, Arbeitsverweigerung oder sowas. Sie haben dich ans Bett gefesselt — das war richtig Folter — an Händen und Füßen, du hast einen extra Overall angekriegt. Du wurdest eine halbe Stunde am Tag freigeschlossen. 10 Minuten früh ... in der Zeit konntest du essen, dich waschen, durftest auf Toilette gehen. Aber die Schließer standen neben dir in der Zelle. Mittags nochmal zehn Minuten, abends nochmal zehn Minuten. Wenige Leute konnten, wenn die neben einem stehen, auf Toilette gehen. Weil das die wenigsten konnten, lagen sie tagelang in

129

ihren eigenen Fäkalien, das war denen scheißegal. Ich habe es geschafft, dass ich da nicht rein musste.

Mir war das nicht fremd, als sie später Zellen zeigten, die geflutet werden konnten, so dass man bis zum Bauch im kalten Wasser stand und solche Sachen. Das hatte man alles schon gehört, das wusste man von anderen Häftlingen. Ich habe Leute erlebt, die einem die Narben gezeigt haben, wenn sie überlebt hatten, in so eine Selbstschussanlage gekommen zu sein. Von oben bis unten aufgefetzt, völlig vernarbt und immer noch Splitter drin — furchtbar.

Das waren wirklich Sadisten. Einer beklagte sich über die Weichheit unseres Staates. Wenn es nach ihm gegangen wäre, hätte er uns gleich an die Wand gestellt. Wir waren für ihn Abschaum, ohne dass er gewusst hätte, warum man überhaupt gesessen hat. Ich nur für Flugblätter. Wir hatten auch keine Namen, sondern nur Nummern. Das war böse.

Eines Tages stand ein fetter West-Panoramareisebus mitten im Ostknastgelände, man konnte es kaum glauben. Der Anwalt Vogel gab uns einen Warnschuss: „Ihr seid zwar jetzt frei und kommt raus, aber denkt dran, ihr habt hier noch Verwandte. Überlegt euch sehr gut, was ihr da erzählt. Wir haben euch immer noch in der Hand, sonst müssen die darunter leiden."

Natürlich war meine Familie sehr glücklich, dass ich es geschafft habe. Die haben mir das gegönnt, standen immer hinter mir. Meine Mutter wartete händeringend darauf, dass sie 60 wurde — da war man offiziell

Rentnerin in der DDR — damit sie mich besuchen konnte. Das wurde ohne Begründung abgelehnt. Daraufhin hat sie einen ziemlich scharfen Ausreiseantrag formuliert. Sie haben sie von zuhause abgeholt und anderthalb Jahre in die Klappsmühle nach Brandenburg gesteckt. Äußerst brutal, was sie sich da geleistet haben.

Ich brauchte im Westen bestimmt nochmal zehn Jahre, um zu begreifen, dass Gesellschaft eben auch Chance sein kann. Ich hätte bestimmt einen ganz anderen Weg eingeschlagen. Aber ich bereue nichts. Das lag auch an mir, dass ich erst einmal die Welt sehen wollte. Ich bin viel gereist, nachdem ich raus war. Ich war in 41 Ländern und über sieben Jahre unterwegs und habe es mir wirklich gegeben.

Es dauerte nicht lange, dass Geheimdienste auf einen aufmerksam wurden und einen vorgeladen haben, tatsächlich alle drei Alliierten und der BND. Ich muss ehrlich sagen, das hat Spaß gemacht, alles zu erzählen. Es war ein eigenartiges Gefühl, als sie irgendwann von Kollegen sprachen. Da war mir klar, natürlich ist das auch ein Geheimdienst: „Das war schon richtig, die werden Sie verfolgt haben. Aber Sie hätten auch einen Bus nehmen können, die Kollegen hätten Sie schon nicht verloren." Ich dachte: „Scheiße, Kollegen, okay."

Die Stasiakte habe ich eine ganze Weile nach dem Mauerfall beantragt. Es waren über 3000 Seiten, völlig irre. Man lacht sich halb tot, wenn es nicht so perfide und böse wäre. Z. B. fand ich ein DIN-A4-Blatt mit einer Gehaltsabrechnung. Vier Leute von der Stasi in Karl-Marx-Stadt haben sich morgens um sechs Uhr vor meine Haustür gestellt und 12 Stunden in diesem Wagen geguckt, was ich tagsüber mache, haben u. a. protokolliert, dass ich einmal barfuß einkaufen war. Ich musste so lachen. Dafür haben die Geld gekriegt und 12 Stunden im Auto gesessen, ist das nicht nett? Unfassbar, dieser Aufwand. Da hat der Wolf Biermann so schön gesungen, wenn es keine Stasi mehr gäbe, wäre das ein Arbeitslosenheer. Da waren schon viele dabei. Andererseits ist es sehr erfrischend, dass sie wenig wussten. Von Sachen, die wirklich wichtig gewesen wären, fand sich nichts in der Akte. Ich lese immer mal wieder rein. Aber mir wird auch schnell schlecht. Die haben eine wirklich gute Idee für Jahrhunderte kaputt gemacht und verraten, so sehe ich das, Scheiß-Stalinisten!

Wir haben nicht wirklich aufgearbeitet. Ich glaube, dass die Bevölkerung dahinter stehen würde, dass uns geholfen wird. Da wird bis zum heutigen Tag viel zu wenig gemacht. Die Leute kriegen zwar ihre 300 Euro Stasirente, wenn sie denn so und so lange gesessen haben. Und wer eine Woche weniger hatte, kriegt es nicht. Was soll das? Sie machen das auch noch vom Verdienst abhängig. So kleinlich zu sein, finde ich einfach eine Schande.

Vor sechs Jahren musste sich Ikea weltweit öffentlich bekennen. Haben große Töne gespuckt, dass sie was machen wollen. Das Einzige, was sie investiert haben, ist ein Buch zur Aufarbeitung. Es kam raus, dass über 600 Westbetriebe davon profitiert haben, dass in der DDR im Knast billig produziert wurde. Aber von Entschädigung ist bis heute keine Rede. Das geht gar nicht. Ich habe 20 Mark für meine Schufterei gekriegt, habe aber täglich 250 Prozent für Ikea arbeiten müssen. Ich möchte einfach für die Zeit mein Gehalt haben.

Wenn du unter dem Druck stehst, dass du ansonsten in die Dunkelzelle gehst oder sogar angekettet wirst, dann ist das Zwangsarbeit. Deswegen möchte ich, dass das benannt wird, dass wir Zwangsarbeiter waren. Das ist mir wichtig. Nachdem Ikea sich gestellt hatte, mithilfe schwedischer Presse, wurde auch die Bundesrepublik aufmerksam und lud mich in den Bundestag ein — Versammlung zum Thema Entschädigung — und entschuldigte sich öffentlich, dass jetzt wirklich was passiert. Die Sache ist genau sechs Jahre her. Passiert ist gar nichts.

→ Alexander Arnold an der Ostsee im Sommer 1980.

131

Schlossplatz Der Weg zur Demokratie

Mitten im Herrschaftszentrum der DDR gelegen, wurde im Herbst 1989 der Palast der Republik am Schlossplatz immer wieder Ziel von Protesten. Am 7. Oktober etwa demonstrierten Tausende vor dem Palast für demokratische Reformen, während drinnen der offizielle Festakt zum 40-jährigen Bestehen der DDR stattfand.

Am 24. Oktober versammelten sich Menschen, um den Rücktritt von Egon Krenz zu fordern, der an diesem Tag zum Staatsoberhaupt gewählt worden war. Und auch die größte Protestdemonstration der DDR-Geschichte am 4. November 1989 zog am damaligen Sitz der Volkskammer, dem Scheinparlament der DDR, vorbei. In direkter Nachbarschaft befanden sich der Regierungssitz, das Außenministerium und die Parteizentrale der SED.

Mit den ersten und einzigen demokratischen Wahlen der DDR-Geschichte am 18. März 1990 war schließlich der wohl größte Erfolg der Friedlichen Revolution erreicht, die Macht des SED-Regimes endgültig gebrochen. In den Palast der Republik, bis dahin Symbol der Scheindemokratie und des totalen Machtanspruchs der SED, zog das erste frei gewählte Parlament ein. Der Weg zur weiteren demokratischen Gestaltung der Gesellschaft war geebnet und eine wichtige Voraussetzung für die Deutsche Einheit geschaffen. Mehr als 75 Prozent der abgegebenen Stimmen entfielen auf Parteien, die eine schnelle Einheit versprochen hatten.

→ Abb. 1: Die größte Protestdemonstration der DDR-Geschichte am 4.11.1989 zieht auch am Palast der Republik im Machtzentrum der DDR vorbei. Die Transparente der Demonstrant*innen zeigen deutlich den Vertrauensverlust in die SED-Führung, auch noch nach ihrer Umbildung Mitte Oktober.

135

→ Abb. 1: Von 1973 bis 1976 erbaut, prägt der Palast der Republik mit seiner markanten Fassade das Bild der Machtzentrale der DDR.

„,Halte dich raus!' Das war die Botschaft der Generation, die den 17. Juni erlebt hatte, einen Volksaufstand, der von sowjetischen Panzern niedergewalzt wurde. ‚Wenn du etwas werden willst im Leben, halte dich aus allem raus. Exponiere dich nicht politisch. Halte deinen Mund. Zu Hause können wir über alles reden, aber nicht in der Schule, nicht an der Universität, nicht in der Öffentlichkeit!' Aber ich war viel zu störrisch und stur und auch empört über diese Generation."

→ Ulrike Poppe, *1953, Bürgerrechtlerin, Mitbegründerin von „Frauen für den Frieden"

→ Abb. 2: Am 7.10.1989 stoßen Erich Honecker und Michail Gorbatschow noch im Palast der Republik auf das 40-jährige Bestehen der DDR an. Sechs Monate später tritt das erste frei gewählte Parlament der DDR-Geschichte im selben Gebäude zusammen.

→ Abb. 3: Eine Polizeikette hält die Demonstrant*innen vom Palast der Republik fern.

Erfolg der Revolution

„Mit der Übernahme meines hohen Amtes habe ich den Wunsch und die Erwartung an alle gewählten Vertreter unseres Volkes, unabhängig von ihren politischen Auffassungen, gemeinsame Beschlüsse der Volkskammer zu tragen, denn der Ruf ‚Wir sind das Volk‘ sollte uns immer in den Ohren klingen. Im Herbst 1989 erzwang das Volk der DDR spontan den politischen Umbruch. Auf der Straße, in Kirchen, durch den nicht enden wollenden Exodus Hunderttausender, vor allem junger Menschen. Rasant und schier unaufhaltsam fiel das alte stalinistische Regime in sich zusammen. Das Ausmaß der Demütigung, die Defizite an Sinn und Werten des Lebens sind noch nicht absehbar. Wir mussten erfahren, dass hier nichts mehr zu erneuern war, keine Zeit für Reformen blieb.“

Nur sechs Monate, nachdem SED-und Staatschef Erich Honecker am 7. Oktober 1989 im Palast der Republik mit internationalen Staatsgästen das 40-jährige Bestehen der DDR gefeiert hatte, eröffnete Sabine Bergmann-Pohl genau dort mit diesen Worten ihre Antrittsrede als Präsidentin der ersten frei gewählten Volkskammer der DDR. Am 5. April 1990 konstituierte sich das einzige demokratische Parlament der DDR-Geschichte im Palast der Republik — die Macht der SED-Diktatur war endgültig gebrochen.

Diesem größten Erfolg der Friedlichen Revolution ging ein monatelanges Ringen um die Macht voraus. Nachdem sich die Massenproteste im ganzen Land ab Mitte Oktober nicht mehr unterdrücken ließen, war die Parteiführung zu Zugeständnissen gezwungen. Es folgten Rücktritte und Reformversprechen, die den Druck der Proteste und einer anhaltenden Fluchtbewegung allerdings nicht entschärfen konnten. Ab dem 7. Dezember kam es zu direkten Verhandlungen zwischen der Regierung, etablierten Parteien und Vertreter*innen der Opposition an einem zentralen Runden Tisch, in denen schließlich freie Wahlen für den 18. März 1990 beschlossen wurden.

Mit einer Wahlbeteiligung von 93,4 Prozent wurden diese zu einem eindeutigen Votum für die Demokratie — ein Wert, den weder vorher noch nachher je eine Bundestagswahl erreicht hat. Henning Wellmann

Protest am Palast

Um den damals noch Marx-Engels-Platz genannten Bereich des heutigen Schlossplatzes gruppierten sich der Palast der Republik, das Ministerium für Auswärtige Angelegenheiten und die Parteizentrale der SED, der Sozialistischen Einheitspartei Deutschlands. Hier lag das Herrschaftszentrum, die Machtzentrale der Ein-Parteien-Diktatur in der DDR. Im Palast der Republik tagte das nicht frei gewählte Parlament. Nebenbei galt das Gebäude als „Haus des Volkes“. Außer Restaurants und Bars konnten hier auch Theateraufführungen, Konzerte und Tanzabende besucht werden.

Am Abend des 7. Oktober 1989 fand im Palast der Republik ein Festakt zum 40-jährigen Bestehen der DDR statt. Internationale Gäste, vor allem kommunistische Vertreter aus aller Welt, erhoben die Gläser auf den Geburtstag des Staates. Unter ihnen war auch der Vorsitzende der kommunistischen Partei der Sowjetunion, Michail Gorbatschow. Währenddessen wurde das Areal gegenüber dem Palast zum Schauplatz öffentlicher Proteste. Vom Alexanderplatz aus näherte sich eine Protestdemonstration, die größte seit dem Volksaufstand vom 17. Juni

1953. Die Teilnehmer*innen demonstrierten gegen die Fälschung der Kommunalwahlen vom Mai 1989 und forderten die Zulassung neuer Parteien. Unterwegs schlossen sich ihnen immer mehr Menschen an. Knapp 3.000 Demonstrant*innen forderten schließlich freie Wahlen und riefen „Gorbi hilf uns!", „Keine Gewalt" oder „Wir sind das Volk".

Eine Polizeikette drängte die Teilnehmer*innen in Richtung Alexanderplatz zurück. Von dort aus bewegte sich der Zug in Richtung Gethsemanekirche. Hier fand gerade eine Mahnwache für die Freilassung politischer Gefangener statt. Die Polizei und später auch zivile Kräfte gingen teilweise brutal gegen die Demonstrant*innen vor. Hunderte von ihnen wurden festgenommen.

Am 5. April 1990 wurde der Palast der Republik Schauplatz der ersten Sitzung des am 18. März erstmals frei gewählten Parlaments der DDR. Im September wurde er aufgrund von Asbestverseuchung geschlossen. Jana Birthelmer

Vom Schloss zum Palast und zurück

„Der Tag der Revolution ist gekommen. Wir haben den Frieden erzwungen. Der Friede ist in diesem Augenblick geschlossen. Das Alte ist nicht mehr." So verkündete Karl Liebknecht am 9. November 1918 den Sieg der Revolution über die Monarchie, der das Ende des Ersten Weltkriegs ermöglichte und Deutschland den Weg zur ersten Demokratie ebnete. Zehntausende jubelten ihm zu, als er diese Worte von einem Balkon des Berliner Schlosses sprach und die sozialistische Republik ausrief.

Die Revolution von 1918/19 wurde zu einer Art Gründungsmythos der DDR, Karl Liebknecht und Rosa Luxemburg, zwei ihrer Protagonist*innen, zu verehrten Held*innen stilisiert. Zwar wurde das im Zweiten Weltkrieg stark beschädigte Schloss auf Beschluss des DDR-Ministerrats 1950 gesprengt, doch Teile des Balkons, von dem Liebknecht 1918 gesprochen hatte, wurden gerettet. Das sogenannte Portal IV wurde rekonstruiert und Teil der Fassade des gegenüberliegenden Staatsratsgebäudes, dem Regierungssitz der DDR. Mehr sollte von der Architektur der preußischen Monarchie aus ideologischen Gründen nicht erhalten bleiben.

Ab 1973 begann am ehemaligen Standort des Schlosses der Bau des Palasts der Republik. 1976 eröffnet, war das sozialistische Prestigeobjekt zum teuersten

→ Abb.1: So könnte sie ausgesehen haben, die Ansprache Karl Liebknechts am 9.11.1918 vom Portal IV des Berliner Schlosses. Es handelt sich aber um eine Fotomontage.

→ Abb.2: Bauarbeiten am Palast der Republik, 1974.

→ Abb.3: Kurz vor dem Verschwinden: Im September 2008 stehen nur noch die Treppenhäuser des Palastes der Republik.

Bauvorhaben der DDR-Geschichte geworden. Geschätzte Kosten: bis zu eine Milliarde Mark. In dem 32 Meter hohen und 180 Meter langen Gebäude tagte fortan die Volkskammer, das nicht frei gewählte Scheinparlament der DDR. Daneben gab es Restaurants, Cafés und Veranstaltungsräume. Künstler*innen wie Harry Belafonte, Santana oder Udo Lindenberg traten dort auf.

Noch 1990 wurde der Palast aufgrund einer schweren Asbestbelastung geschlossen. Zwar konnte das Gebäude nach einer kompletten Entkernung 2004 und 2005 noch einmal für verschiedene Kunstevents öffnen, Pläne für eine komplette Sanierung wurden nach heftigen Debatten allerdings verworfen. 2006 begann der Abriss.

Gut 100 Jahre nach Liebknechts Ansprache und 30 Jahre nach dem Ende der DDR steht nun wieder ein Schloss in Berlins Mitte — eine teilweise Rekonstruktion des historischen Berliner Stadtschlosses, das die SED-Führung 1950 sprengen ließ. Henning Wellmann

Vom Küchentisch an den Runden Tisch

Kaum einen Monat nach der Maueröffnung kam die SED-Regierung um eine Bankrotterklärung nicht umhin. Dafür steht der 7. Dezember 1989, die erste Zusammenkunft des zentralen Runden Tisches der DDR. Wer in jenen Tagen als Journalist*in die rasenden Veränderungen begleitete, konnte das kaum fassen. 40 Jahre hatte die SED jede von ihr nicht gewollte gesellschaftliche Regung unterdrückt. Und nur vier Wochen nach dem Mauerfall sah die Partei keine andere Wahl, als sich ganz direkt mit den politischen Ideen und Vorstellungen von Bürger*innen auseinanderzusetzen. Inspiriert durch den Runden Tisch in Polen im Sommer zuvor sollte in einer Situation des Machtvakuums die DDR durch ein Gespräch zwischen (Noch-)Machthabern und oppositionellen Kräften vor Chaos bewahrt werden. Der zentrale Runde Tisch war eine Idee der Bürgerrechtler*innen.

Es war ein Hammer. Jahrelang hatten sie in ihren Wohnzimmern und in Kirchen diskutiert, hatten Menschenrechte eingefordert, von einer Demokratisierung der DDR geträumt, Gesellschaftsordnungen debattiert. Sie hatten dafür im Gefängnis gesessen, waren massiv bespitzelt worden, ihrer Lebens- und

139

Berufschancen beraubt oder auch ins Ausland verbannt worden. Sie hatten sich trotz alledem nicht davon abbringen lassen, beharrlich an ihren Rechten festzuhalten. Im Herbst 1989, als immer mehr Menschen auf die Straße gingen und Reisefreiheit und freie Wahlen einforderten, ergriffen sie ihre Chance. Sie gründeten einfach die Gruppierungen, die, wie von den Demonstrant*innen gefordert, bei freien Wahlen antreten könnten: das Neue Forum, Demokratie Jetzt, den Demokratischen Aufbruch, gar eine sozialdemokratische Partei in der DDR. Diese Neugründungen sowie Initiativen wie die Initiative für Frieden und Menschenrechte, die sich schon Jahre zuvor dem Verbot eines freien Zusammenschlusses widersetzt hatten, fanden sich nun im Dialog mit den Regierungsparteien — auf Augenhöhe: 17 Männer und Frauen, die die DDR-Opposition am Runden Tisch vertraten und zu einer ersten Sitzung zusammen kamen. Roland Jahn

„Schule der Demokratie"

Es war die Sorge um die DDR und ihre Menschen, die die Bürgerrechtler*innen bewog, sich mit den Vertreter*innen der alten Macht an einen Tisch zu setzen. Sechzehn Mal tagte der zentrale Runde Tisch bis zum 12. März 1990. Es ging vor allem darum, freie Wahlen zu organisieren und eine demokratische Verfassung für die DDR zu erarbeiten. Gleich beim ersten Treffen wurde als Wahltermin zunächst der 6. Mai 1990 festgelegt und eine Arbeitsgruppe zur Ausarbeitung einer Verfassung eingerichtet. Das emotionalste Thema war der Umgang mit der Stasi, dem zentralen Unterdrückungsinstrument der SED, das seit Dezember 1989 Amt für Nationale Sicherheit hieß. Gegen die Pläne der Regierung beschloss der Runde Tisch die vollständige Auflösung des Ministeriums. Daraufhin schlug die Regierung Mitte Dezember vor, aus dem alten zwei neue Geheimdienste zu bilden: Verfassungsschutz und Auslandsgeheimdienst. Die Vertreter*innen der Opposition überzeugte das nicht. Mitte Januar, als in vielen Bezirken die Stasi-Dienststellen schon unter die Kontrolle von Bürgerkomitees gelangt waren, wurde die komplette Auflösung der Stasi am zentralen Runden Tisch endgültig beschlossen. Am 15. Januar 1990 besiegelte die Besetzung des Ministeriums für Staatssicherheit in Berlin diesen Beschluss in einem quasi symbolischen Akt, der weltweit zu einer Nachricht wurde.

Dass einer der Moderatoren des zentralen Runden Tisches, Pfarrer Martin Ziegler, ihn eine „Schule der Demokratie" nannte, ist ein treffendes Bild für dieses einzigartige Experiment. Weder Regierung noch Opposition waren demokratisch legitimiert, sie verstanden sich als Gremium vor allem als Übergangslösung zur Schaffung von Demokratie. In dieser entscheidenden Phase der Friedlichen Revolution wurden die Sitzungen live im Fernsehen der DDR übertragen.

So marode war die Regierung geworden, dass DDR-Ministerpräsident Hans Modrow die Opposition beschwor, in Regierungsverantwortung zu gehen. Am 5. Februar 1990 wurden acht Mitglieder der Opposition als Minister*innen ohne Geschäftsbereich vereidigt. Der Wahltermin wurde auf den 18. März 1990 vorgezogen. Roland Jahn

→ Abb. 1: Handgemachte Transparente verkünden am 7.12.1989 die erste Sitzung des zentralen Runden Tisches.

"Sie wollten alles gut machen in der DDR, aber zum Schluss war es nur noch ein Überwachungsstaat. Sie haben sich bemüht, und es ist außer Kontrolle geraten. Das fängt ganz harmlos an. Es gibt immer wieder ein kleines Stück, das man an Freiheit wegnimmt. Man denkt, man weiß es besser. Das ist der Anfang einer Diktatur. Man will alles unter Kontrolle haben. Kontrolle und Angst sind das Ende der Demokratie."

→ Günter Nossol, *1953, 1973 nach West-Berlin geflohen

→ Abb. 2: Die erste Sitzung des zentralen Runden Tisches am 7.12.1989 im Dietrich-Bonhoeffer-Haus.

→ Abb. 3: "Schluß mit Stasi und SED": Am Tag nach der Besetzung der Stasi-Zentrale in Berlin-Lichtenberg forderten Tausende die vollständige Auflösung des Repressionsapparates, 16.1.1990.

→ Abb. 4: Kleben von Plakaten zur ersten (und einzigen) freien Volkskammerwahl in der DDR, Februar 1990.

→ Abb. 5: "Regierung der nationalen Verantwortung": Acht Vertreter*innen verschiedener Oppositionsgruppen und -parteien wurden am 5.2.1990 in das Kabinett des letzten SED-Ministerpräsidenten Hans Modrow aufgenommen und in der Volkskammer vorgestellt (vordere Reihe, v.l.): Sebastian Pflugbeil (Neues Forum), Rainer Eppelmann (Demokratischer Aufbruch), Walter Romberg (SPD), Tatjana Böhm (Unabhängiger Frauenverband), Klaus Schlüter (Grüne Liga), der spätere Ministerpräsident von Brandenburg und SPD-Chef Matthias Platzeck (Grüne Partei in der DDR), Gerd Poppe (Initiative Frieden und Menschenrechte), Wolfgang Ullmann (Demokratie Jetzt).

Crashkurs in Realpolitik

Dem Erfolg des Experiments Runder Tisch innewohnend war seine Auflösung. Mit der ersten und einzigen freien Wahl zur Volkskammer der DDR war sein Zweck erfüllt. Die Arbeit am Runden Tisch entwickelte sich zum Crashkurs in Realpolitik. Vieles war in den rasanten Entwicklungen jener Tage von den Ereignissen und dem Willen der Menschen überholt worden. Die massenhafte Wanderung von Ost nach West riss nicht ab. Die Drohung von Streiks lag täglich in der Luft. Der Druck, belastbare Entscheidungen zu treffen und ein Ziel für die Gesellschaft auf demokratischer Basis zu definieren, konnte nur mit Wahlen entlastet werden.

Das Ergebnis der Wahlen brachte eine klare Entscheidung: für die Parteien und Bündnisse, die sich die Einheit auf die Fahnen geschrieben hatten. Die Arbeitsgruppe Verfassung brachte zwar ihren Entwurf noch zum Abschluss, aber dessen Präsentation Anfang April 1990 in der neu gewählten Volkskammer war enttäuschend. Ohne weitere Beachtung wurde er ad acta gelegt, er war obsolet geworden. Der Traum einiger Vertreter*innen am Runden Tisch von einer reformierten DDR, den sie so oft debattiert hatten, blieb auf der Strecke. Demokratie verlangt Mehrheiten, die gab es für eine Weiterentwicklung der DDR nicht.

Aber es waren nicht zuletzt die Beschlüsse des Runden Tisches zur Stasi, die sicherstellten, dass heute Aufklärung über das Unrecht und die Überwachung eines Volkes anhand der Stasi-Akten geschehen kann. Zur Geschichte des Runden Tisches gehört auch, dass die Stasi Teil des Experiments und damit des

→ Abb. 1: Auf der Tagesordnung der 16. und letzten Sitzung des zentralen Runden Tisches standen auch die Beratungen über eine neue DDR-Verfassung. Der Chefredakteur der Zeitschrift für Parlamentsfragen, Uwe Thaysen (r.), war von Anfang an dabei und spricht hier mit Jan Mahling, dem Vertreter des sorbischen Runden Tisches, 12.3.1990.

Beschlusses zur eigenen Auflösung war. Zwei der Oppositionsvertreter, Ibrahim Böhme (SDP) und Wolfgang Schnur (Demokratischer Aufbruch), waren langjährige inoffizielle Mitarbeiter. Ihre Enttarnung wiederum trug wesentlich zur Überzeugung bei, die Akten zu bewahren und zu öffnen. Den Verdienst des Runden Tisches schmälerte das nicht. In einer prekären Phase der Revolution haben Oppositionelle der DDR aktiv eine Übergangzeit gestaltet und den Weg für Demokratie und unabhängige Wahlen geebnet. Das ist ihre herausragende Leistung in der deutschen Geschichte. ^{Roland Jahn}

→ Abb. 2: Verfassungsentwurf für die DDR, 1990.

→ Abb. 3: Ibrahim Böhme, Vorsitzender der SPD in der DDR, auf dem Weg zur Einsichtnahme in seine Stasi-Akten, 30.03.1990. Obwohl bald zahlreiche Belege für seine Spitzeltätigkeit vorgelegt werden konnten, bestritt Böhme die Vorwürfe, er sei Inoffizieller Mitarbeiter der Stasi gewesen, bis zu seinem Tod 1999.

Die einzige frei gewählte Volkskammer

Nachdem die Allianz für Deutschland aus CDU (Ost), DSU und DA mit 48 Prozent der Stimmen die Wahl gewonnen hatte, standen ihr in der erstmals frei gewählten Volkskammer von insgesamt 409 192 Sitze zu. Die SPD mit 88 Sitzen bildete nach einigem Zögern mit der Allianz und dem Bund Freier Demokraten eine große Koalition, war aber sichtlich enttäuscht über den Wahlausgang. Die PDS erklärte nach dem Wahlabend, der für sie ein überraschend hohes Ergebnis von 16,4 Prozent und damit 66 Sitzen brachte, dass sie eine starke Opposition bilden wollte. Vor allem das Bündnis 90 und die Grünen/Unabhängiger Frauenverband konnten nur zwölf bzw. acht Sitze erreichen, so dass die Bürgerbewegung vor allem der Macht der bundesrepublikanischen Parteien nicht standhalten konnte.

Die Volkskammer wählte am 12. April 1990 den CDU-Politiker Lothar de Maizière zum Ministerpräsidenten. Präsidentin der Volkskammer wurde ebenfalls ein CDU-Mitglied, Sabine Bergmann-Pohl. Die Minister*innen setzten sich nur zum geringen Teil aus Bürgerrechtler*innen zusammen. Im Juli verließ der Bund Freier Demokraten die Koalition aufgrund von Streitigkeiten um die bevorstehende gesamtdeutsche Bundestagswahl im Dezember 1990. Im August 1990 schied die SPD aus der DDR-Regierung aus und beendete die Koalition. Zuvor hatte de Maizière etliche Minister entlassen, die er für die schlechte wirtschaftliche Lage in der DDR verantwortlich machte. Die Volkskammer tagte zunächst im Palast der Republik, später dann aufgrund der dortigen Asbestbelastung im Haus der Parlamentarier und dann im Staatsratsgebäude.

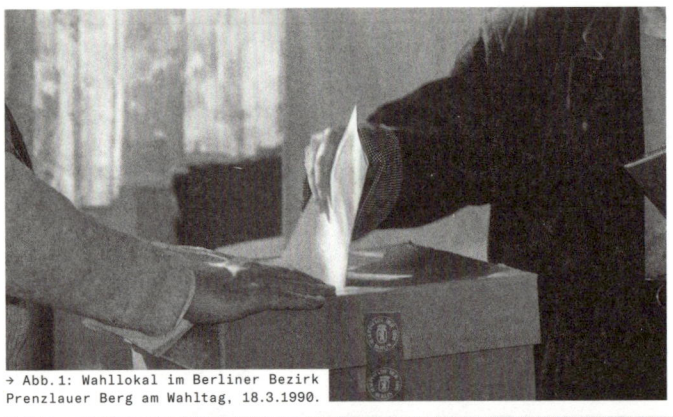

→ Abb. 1: Wahllokal im Berliner Bezirk Prenzlauer Berg am Wahltag, 18.3.1990.

→ Abb. 2: Blick auf das Wahlstudio für Presse und Medien im Palast der Republik am Wahlabend, 18.3.1990.

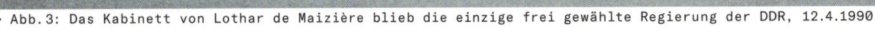

→ Abb. 3: Das Kabinett von Lothar de Maizière blieb die einzige frei gewählte Regierung der DDR, 12.4.1990.

→ Abb. 4: Zwischen Journalisten eingezwängt auf der Wahlparty der CDU: Lothar de Maizière (vorne), künftiger Ministerpräsident der DDR, und der frühere West-Berliner Regierende Bürgermeister Eberhard Diepgen, 18.3.1990.

→ Abb. 5: Lothar de Maizière (l.), der designierte Ministerpräsident, gratuliert Sabine Bergmann-Pohl zur Wahl zur Volkskammerpräsidentin, 5.4.1990.

Von entscheidender Bedeutung waren die Beschlüsse der Volkskammer zur Währungs-, Wirtschafts- und Sozialunion mit der Bundesrepublik Deutschland, die die Einheit auf den Weg brachten. Zugleich entwarf die Volkskammer eine neue Kommunalverfassung für die DDR und brachte das Stasiunterlagengesetz auf den Weg, das eine Aufarbeitung der Akten der Staatssicherheit und Akteneinsicht für die Betroffenen sicherstellen sollte. ^{Frank Ebert}

Volkskammer (fast) ohne Revolutionär*innen

Die am 18. März 1990 gewählte Volkskammer der DDR markierte zwar den Beginn der Wiedervereinigung, setzte aber zugleich einen Schlusspunkt der Friedlichen Revolution von 1989. Ehemalige Bürgerrechtler*innen stellten im neuen Parlament nur eine Minderheit. Über die Hälfte aller Abgeordneten gehörte vor dem Umbruch der SED oder einer Blockpartei an. Jedoch waren Mitglieder der wichtigsten Bürgerbewegungen, wie der Initiative für Frieden und Menschenrechte oder des Neuen Forums, mit deren Vertreter*innen wie Gerd Poppe, Bärbel Bohley oder Reinhard Schult durchaus vertreten.

Die besten Voraussetzungen hatten aber diejenigen, die die Unterstützung der großen Parteien der Bundesrepublik hinter sich wussten. So unter anderem die Begründer*innen der Sozialdemokratischen Partei in der DDR (SDP), die sich im Januar 1990 in SPD umbenannt hatte und prominente Wahlkampfhilfe von der Bundespartei erhielt. In der Koalition mit der Allianz für Deutschland und dem Bund Freier Demokraten erhielt der langjährige Bürgerrechtler und Mitbegründer der SDP Markus Meckel das Amt des Außenministers. Andere Mitstreiter*innen waren ebenfalls in der Volkskammer vertreten. Der Theologe und Initiator der Blues-Messen, Rainer Eppelmann, war Gründungsmitglied des Demokratischen Aufbruchs und für die Allianz für Deutschland in die Volkskammer gewählt worden. Er wurde Minister für Abrüstung und Verteidigung. Regine Hildebrandt, eine promovierte Biologin, hatte sich in der Bürgerbewegung Demokratie Jetzt engagiert und wurde für die SPD Ministerin für Arbeit und Soziales.

Andere Bürgerrechtler*innen erhielten keine Ministerien. Stattdessen bekamen sogar ehemalige Funktionäre und Mitglieder der Blockparteien, die das alte SED-System lange Jahre gestützt hatten, die begehrten Posten, unter anderem der frühere und neue Justizminister Kurt Wünsche, der Minister für Wirtschaft, Gerhard Pohl, der schon seit 1981 Mitglied der Volkskammer war, und der Minister für Umwelt, Karl-Hermann Steinberg, der sogar schon seit 1971 der Volkskammer angehörte. ^{Frank Ebert}

Währungs-, Wirtschafts- und Sozialunion

„Kommt die D-Mark bleiben wir kommt sie nicht geh'n wir zu ihr", war auf Demonstrationen in der DDR seit Jahresbeginn 1990 immer wieder zu hören. Am 18. Mai unterzeichneten die Finanzminister der DDR und der Bundesrepublik, Walter Romberg und Theo Waigel, den Vertrag über die Schaffung der Währungs-, Wirtschafts- und Sozialunion. Gestaffelt nach Lebensalter konnten bis zu 2.000 (für Kinder bis 14), 4.000 (für Erwachsene) beziehungsweise 6.000 Mark der DDR (für über 60-Jährige) zum Kurs von 1:1 in D-Mark getauscht werden, alles darüber zum Kurs von 2:1. Schulden gingen zum Kurs von 2:1 in D-Mark über, für Löhne, Gehälter, Stipendien, Renten, Mieten und Pachten galt aber der Kurs 1:1. Der

Tauschkurs war wirtschaftlich betrachtet ein Desaster, politisch wäre jedoch kaum etwas anderes durchsetzbar gewesen. Neben gigantischen kriminellen Geschäften von DDR-Wirtschaftskadern versuchten Ende Juni auch die kleinen Leute, die bevorstehende Geldumstellung abzufedern oder für sich zu nutzen. Und ein letztes Mal blühte der Schwarzhandel mit der Ostmark.

Um 0 Uhr des 1. Juli 1990 wurde die D-Mark das allgemeine Zahlungsmittel in der DDR. Bald bildeten sich lange Schlangen vor den Banken und eigens eingerichteten Sonderschaltern, die am Morgen öffnen würden. Auf die Ankündigung hin, dass die Filiale der Deutschen Bank in Berlin-Mitte schon um 0 Uhr mit der DM-Auszahlung begänne, fanden sich dort in der Nacht schließlich bis zu 10.000 Menschen ein.

Gleichzeitig traten auch die Wirtschafts- und die Sozialunion in Kraft: Die Sozialversicherung und das Arbeitsrecht der DDR wurden den bundesdeutschen Modellen angeglichen, die Planwirtschaft wich der sozialen Marktwirtschaft. Als Rosskur bezeichneten Experten die Währungsunion angesichts der maroden DDR-Wirtschaft, deren Niedergang hierdurch stark beschleunigt wurde: Die Betriebe in der DDR konnten die Löhne und ihre anderen Kosten nicht mehr bezahlen, die Nachfrage nach DDR-Produkten brach schlagartig ein und die wichtigen Absatzmärkte in den RGW-Staaten verschwanden. Monika Schmidt/Bjoern Weigel

→ Abb. 1: Der Umtauschkurs machte vielen DDR-Bürger*innen Sorgen, wie hier bei einer Demo in Ost-Berlin, 5.04.1990. Das reale Verhältnis zwischen Mark der DDR und D-Mark war aufgrund der völlig unterschiedlichen Wirtschaftssysteme kaum zu ermitteln, die Wirtschaftsleistung der BRD überstieg diejenige der DDR etwa um das Fünf- bis Sechsfache. Der Schwarztausch-Kurs schwankte erheblich zwischen 3:1 und 10:1, rein nach der an idealtypischen Warenkörben gemessenen Kaufkraft betrug das Verhältnis etwa 1:1.

→ Abb. 2: Ansturm auf die Filiale der Deutschen Bank am Alexanderplatz, 1.7.1990, kurz nach Mitternacht. Dabei wurden 13 Menschen verletzt und erheblicher Sachschaden verursacht.

Zwei plus Vier

Das Votum der DDR-Bürger*innen bei der Volkskammerwahl am 18. März 1990 fiel eindeutig aus: Die Parteien, die sich für eine schnelle Wiedervereinigung mit der Bundesrepublik einsetzten, konnten mit Abstand die meisten Stimmen auf sich vereinigen. Der Auftrag war damit klar, doch der Weg dorthin keinesfalls.

Die Siegermächte des Zweiten Weltkriegs USA, Frankreich, Großbritannien und die Sowjetunion hatten sich ein ausdrückliches Mitspracherecht vorbehalten, was Fragen der „Wiedervereinigung Deutschlands und einer friedensvertraglichen Regelung" anging, wie es etwa in einem Vertrag zwischen der Bundesrepublik und den drei westlichen Alliierten hieß. Das bedeutete, dass ihr Einverständnis für die Vereinigung der Bundesrepublik und der DDR zwingend erforderlich war.

→ Abb. 3: Zum Auftakt der Zwei-plus-Vier-Außenministergespräche am 22.6.1990 besuchen die Minister den Kontrollpunkt Checkpoint Charlie in Berlin, der am selben Tag abgerissen wird.

→ Abb. 4: Vom geeinten Deutschland zum geeinten Europa? Fahnen auf der Einheitsfeier vor dem Reichstagsgebäude, 3.10.1990.

Die Lage zeigte sich dabei äußerst brisant, denn das gesamte welt- und europapolitische Machtgefüge war in Bewegung geraten. Während die USA eine schnelle Einheit befürworteten, zeigten sich Frankreich und Großbritannien zunächst skeptisch. Sie fürchteten — historisch durchaus begründet — eine zu starke Machtposition eines vereinten Deutschlands in Europa. Die Sowjetunion bangte nach den Erfolgen der Demokratiebewegungen in Polen, Ungarn und der Tschechoslowakei um ihre ohnehin bröckelnde Vorherrschaft in Osteuropa.

Bei den sogenannten Zwei-plus-Vier-Verhandlungsrunden zwischen den beiden deutschen Staaten und den Siegermächten konnte schließlich eine Einigung erzielt und in einem gleichnamigen Vertrag festgehalten werden. Die Bedenken Frankreichs und Großbritanniens wurden vor allem durch die Zusage einer starken Einbindung eines vereinigten Deutschlands in die Europäische Gemeinschaft besänftigt. Die Verhandlungsposition der Sowjetunion war durch innenpolitische Krisen und außenpolitischen Machtverlust hingegen so geschwächt, dass sie letztlich kaum Einwände mehr geltend machen konnte.

Dass trotz der äußerst schwierigen politischen Situation eine Wiedervereinigung noch 1990 möglich wurde, gilt als Meisterleistung der Diplomatie und internationalen Verständigung. Der Zwei-plus-Vier-Vertrag trat am 15. März 1991 in Kraft und ist seit 2011 Teil des Weltdokumentenerbes der UNESCO. Henning Wellmann

Vom Einigungsvertrag zum 3. Oktober

Der 3. Oktober war der frühestmögliche Termin für die Deutsche Einheit — der 7. Oktober wäre der spätestmögliche gewesen. Und dieser kam von vorn herein nicht infrage, da es der Nationalfeiertag der DDR war, deren Existenz mithin vor ihrem 41. Geburtstag enden würde. Bis das Datum 3. Oktober als Tag der Deutschen Einheit feststand, mussten viele Hürden in politischer, wirtschaftlicher, administrativer und nicht zuletzt gesellschaftlicher Hinsicht genommen werden. Daneben gab es die Verhandlungen mit den vier alliierten Siegermächten des Zweiten Weltkriegs, um die außenpolitischen Bedingungen der Einheit zu regeln.

Wichtigstes innenpolitisches Dokument wurde der Vertrag zwischen der Bundesrepublik Deutschland und der Deutschen Demokratischen Republik über die Herstellung der Einheit Deutschlands, kurz: Einigungsvertrag. Infolge der Währungs-, Wirtschafts- und Sozialunion vom 1. Juli 1990 galt es nun, auch die staatliche Einheit Deutschlands herzustellen.

Der Zeitdruck war enorm: Günther Krause, Parlamentarischer Staatssekretär beim Ministerpräsidenten der DDR, und Bundesinnenminister Wolfgang Schäuble, die beiden Verhandlungsführer, mussten sämtliche Grundlagen des politischen Systems der BRD — von der Neuordnung der Eigentumsverhältnisse über den Föderalismus und das Rechtssystem bis hin zur Verwaltung und dem Länderfinanzausgleich — auf die DDR übertragen und dazu den Umgang der BRD mit dem Erbe der DDR klären.

Verhandelt wurde den ganzen Sommer, die Unterzeichnung fand am 31. August 1990 statt. Der Einigungsvertrag wurde am 20. September von der Volkskammer mit 299 zu 80 Stimmen (eine Enthaltung) angenommen, vom Bundestag mit 440 zu 47 (drei Enthaltungen) und vom Bundesrat tags darauf einstimmig. Eile war geboten, denn die nächste Bundestagswahl sollte am 2. Dezember 1990 stattfinden. Um wahlberechtigt zu sein, mussten die DDR-Bürger*innen rechtzeitig Bundesbürger*innen werden. Letzter möglicher Beitrittstermin wäre somit der 7. Oktober gewesen. Außerdem waren die Zwei-plus-Vier-Verhandlungen noch im Gang und der 3. Oktober hierdurch der frühestmögliche Termin. Bjoern Weigel

Täter ohne Strafe

„Wir schließen die Tore der Stasi!" Mit diesen Worten rief das Neue Forum im Januar 1990 zur Auflösung des Ministeriums für Staatssicherheit auf. Erst der Sturm auf die Berliner Stasi-Zentrale am 15. Januar 1990 führte zur vollständigen Auflösung des gefürchteten Staatssicherheitsdienstes. Die Verantwortlichen für 40 Jahre Unterdrückung blieben allerdings allesamt unbestraft.

Schätzungen zufolge wurden in der DDR mindestens 200.000 Menschen aus politischen Gründen inhaftiert. Die Stasi war aber nicht nur für Verhaftungen verantwortlich, sondern auch für Entführungen, Körperverletzung, Erpressung, Diebstahl und Mord. Doch nach dem Ende der DDR wurden nur ganz wenige dieser Taten geahndet. Bis 1998 kam es zu 87 Anklagen, am Ende mussten lediglich zwei Stasi-Mitarbeiter ins Gefängnis. Von den über 700 Mitarbeiter*innen der Stasi-Untersuchungshaftanstalt Berlin-Hohenschönhausen wurde nur ein einziger verurteilt — zu einer Bewährungsstrafe. Der letzte Leiter der Verhörabteilung, Rolf Fister, blieb ebenso unbestraft wie der langjährige Gefängnischef Siegfried Rataizick.

Auch Stasi-Minister Erich Mielke wurde für seine Verbrechen als Chef der DDR-Geheimpolizei nie verurteilt. 1993 wurde er stattdessen zu sechs Jahren Gefängnis verurteilt, weil er 1931 als junger Mann zwei Polizisten erschossen hatte. Zwei Jahre später wurde er freigelassen. Ironie der Geschichte: Im Februar 1990 wurde er in seine „eigene" Untersuchungshaftanstalt in Berlin-Hohenschönhausen eingeliefert. Obwohl das Gefängnisregime nach dem Fall der Berliner Mauer stark gelockert worden war, soll er sich über die Haftbedingungen beschwert haben.

Dass so wenige Verantwortliche für die SED-Diktatur bestraft wurden, hatte vor allem juristische Gründe: Im Einigungsvertrag war festgeschrieben worden, dass nur solche Taten bestraft werden durften, die auch in der DDR strafbar waren. Hinzu kamen kurze Verjährungsfristen für viele Taten, das hohe Alter und der schlechte Gesundheitszustand der Verantwortlichen. Am Ende kamen 40 DDR-Funktionäre ins Gefängnis, die meisten nur für kurze Zeit. Lukas Lüder

→ Abb. 1: Unterzeichnung des Vertrags über den Beitritt der DDR zur Bundesrepublik Deutschland im Palais Unter den Linden in Berlin durch die Verhandlungsführer Staatssekretär Günther Krause (r.) und Bundesinnenminister Wolfgang Schäuble; hinter Krause stehend DDR-Ministerpräsident Lothar de Maizière, 31.8.1990.

→ Abb. 2: Es gab auch Proteste: Demonstration mit teils drastisch formulierten Transparenten vor dem Tagungsort der Volkskammer, 20.09.1990.

→ Abb. 3: 1.000 Seiten für die Einheit: der Einigungsvertrag.

→ Abb. 4: Der Verleger Walter Janka (Mitte), als Ehrengast zum außerordentlichen Parteitag der SED geladen, neben ihm Markus Wolf (links), Generalmajor und als Spionagechef bis 1986 Stellvertreter des Ministers für Staatssicherheit Erich Mielke, 16.12.1989. Janka, 1956 bis 1960 inhaftiert gewesen, hatte gerade seine Erinnerungen an die Haft veröffentlicht und erreichte Anfang 1990 seine Rehabilitierung; Wolf floh Ende September 1990 kurz vor der deutschen Einheit, seit Mitte 1989 per westdeutschem Haftbefehl gesucht, ins Ausland.

→ Abb. 5: Häftlingskleidung für Erich Honecker fordert diese Demonstrantin bei der Erstürmung der Stasi-Zentrale, 15.01.1990.

→ Abb. 6: Der ehemalige Chef des Staatssicherheitsdienstes, Erich Mielke, am 15.1.1993 auf der durch Panzerglas gesicherten Anklagebank im Berliner Landgericht Moabit. Mielke muss sich wegen der Polizeimorde im Jahre 1931 verantworten.

Eva und Jens Reich

→ Eva Reich, geb. 1943, Ärztin und Bürgerrechtlerin, und Jens Reich, geb. 1939, Molekularbiologe, Professor und Bürgerrechtler, beide Gründungsmitglieder der DDR-weiten Oppositionsbewegung Neues Forum und Erstunterzeichner des Gründungsaufrufs „Aufbruch 89 – Neues Forum" vom 11. September 1989. Jens Reich war 1990 Abgeordneter der frei gewählten Volkskammer der DDR, Sprecher von Bündnis 90/Die Grünen und 1994 als deren Kandidat für das Amt des Bundespräsidenten nominiert.

__„Geschlagen kehren wir nach Haus, die Enkel fechten's besser aus."__

Eva Reich

Unser beruflicher Aufenthalt in der Sowjetunion hat uns sehr die Augen geöffnet. Es war aufklärend, aus dieser engen, sehr eintönig strukturierten DDR herauszukommen, die Sprache zu lernen und gleichzeitig zu bemerken, wie anders, einfach von der geografischen Lage her, die Weltsicht der Russen gewesen ist. Es war in der SU im täglichen Leben auch viel unpolitischer als in der DDR, weil Klassencharakter und Klassenkampf nicht ständig im Vordergrund standen. Für die Kinder ging es wesentlich fröhlicher und unkomplizierter zu. Das hatten wir so nicht erwartet. Nachdem wir in die DDR zurückgekommen waren, haben wir diesen lockeren Umgang, den wir in unserem Kreis schon vorher hatten, noch ein bisschen russisch eingefärbt.

Wir haben weiter verfolgt, wie die Entwicklung in der Sowjetunion und in Polen verlief, Solidarność kam Ende der 70er, das Kriegsgesetz 1980/81 in Polen. Ungarn war ein Land, wo es nur wenige Tabus gab, die nicht besprochen werden durften. Während es in den frühen 80er-Jahren der DDR nochmal eine Verschärfung gab. Frauen sollten z.B. auch zur Armee eingezogen werden — ein Schock. Da war eine sehr dumpfe, merkwürdige Stimmung. Bis sich abzeichnete, dass in der Sowjetunion ein Mensch wie Gorbatschow an die Spitze kam. Das war ein seltsamer Umstand, wenn man so will, ein Glücksfall der Geschichte. Es war von Anfang an klar, dass „Glasnost" und „Perestroika", also die Offenheit und der Umbau der Gesellschaft,

151

zwei ganz wichtige Wörter waren, die sofort in die DDR-Sprache Eingang gefunden haben.

Ein Freund von uns sagte, wir müssten eine Partei gründen, das war 1987/88. Diese Vorstellung war verlockend, aber ein bisschen absurd. Im Juni 1989 kamen Rolf Henrich und Bärbel Bohley mit dem Vorschlag, dass man einen Verein gründet, so dass der Eindruck der Legalität gegeben wäre. Denn das war ja das größte Problem: Die DDR-Bevölkerung war — anders als in den anderen Ostblock-Ländern — gesetzestreu und staatsgläubig. Wenn's um politisch gefährliche Sachen ging, dann war es schwierig. Da war die Idee, einen legalen Verein zu gründen, für viele DDR-Bürger sehr verlockend.

Jens Reich

Der Mauerfall wurde zum Symbol für den Zusammenbruch der Diktatur des ganzen Ostblocks. Wir Bürgerbewegten waren plötzlich nicht mehr an der Spitze der Bewegung. Es stürmte alles in den Westen. Wir hatten allerdings bis tief in 1990 hinein ein anarchisches Jahr, in dem sich viele Leute einmischten und einfach machten, was sie für richtig hielten. Das ist erst mit dem 3. Oktober 1990 wieder eingefangen worden. Die Mehrheit der Bevölkerung war definitiv nicht für ein längeres Weiterbestehen der DDR, aber andererseits auch nicht für einen „No-Deal-Exit". Als der Wahlkampf anlief, war jedoch klar, dass wir in so kurzer Frist für einen Wahlkampf sowohl technisch als auch mental überhaupt nicht vorbereitet waren. Die DDR-Blockparteien erhielten demgegenüber massive Unterstützung von den gro-

ßen westdeutschen Parteien, denen sie sich angedient hatten. Das Bündnis 90 hat sich aus den Bürgerbewegungen als Wahlpartei konstituiert. Damit hatten wir ein vernünftiges Angebot, aber das hat nichts an der wahlkämpferischen Schwäche des Ganzen geändert. Für das ganze Land gesprochen, haben die Leute entweder gar nicht gewusst, was Bündnis 90 ist, oder sie haben sich gesagt: Jetzt müssen „richtige" politische Kräfte ran. Trotzdem war ich überrascht, dass wir unter drei Prozent blieben. Die die Tür aufgestoßen hatten, wurden beiseitegeschoben. Das ist der natürliche Vorgang bei wirklichen Revolutionen. Da gibt es ja auch historische Vorbilder.

Der Herbst '89 war der Schaupatz einer prinzipiellen historischen Revolution, im ganzen Ostblock und auch in Ostdeutschland — die erste Revolution, die gelungen ist und gewaltfrei verlaufen. Nicht friedlich, wie das Schlagwort heißt, da war schon viel Streit und Auseinandersetzung dabei, aber gewaltfrei. Wir dachten, dass diese Art der Durchsetzung einer Revolution ein Vorbild für zukünftige Zeiten, für andere Länder ist, und haben leider gesehen, dass ähnliche Versuche in anderen Ländern, z. B. in arabischen Ländern, nicht gelungen sind, brutal eingefangen oder sogar zerschlagen wurden. So ist die gelungene Friedliche Revolution 1989 weltweit ein Unikat. Man kann nur die Hoffnung haben, dass die Menschen sich in anderen Ländern auf ähnlich gewaltlose Weise befreien und ihr System umgestalten, wenn es den Menschen nicht mehr gerecht wird.

Bald nach 1989 haben wir etwas erlebt, was es vorher zwischen den Bevölkerungen Ost- und Westdeutschlands nicht gegeben hatte. Wir bekamen nach 1990 einen wirklich tiefen Riss zwischen den neuen Bundesländern — vielen Menschen dort, selbstverständlich nicht allen — und der Mentalität im Westen. Ich dachte immer, dass das nicht lange dauern wird, und bin eines Besseren belehrt worden. Wir haben jetzt eine schlimmere ressentimentgeladene Stimmung zwischen Ost und West, eine unfriedliche Stimmung im ganzen Land...

Es geht uns allen, mit ganz wenigen Ausnahmen, materiell besser als 1989. Ein wesentlicher Faktor dieses innerdeutschen Konflikts ist vielmehr kultureller und emotionaler Natur und wirkt sich dann auch wirtschaftlich aus. Das ist enttäuschend. Ich hätte damals nicht gedacht, dass wir 30 Jahre später eine derart angespannte Situation haben werden. Ich kann nur hoffen, dass die neue Generation, die jetzt die Entscheidungen trifft und Verantwortung trägt, dieses Problem lösen wird. Zusammen mit den Herausforderungen, vor denen die ganze Welt steht, ist das eine schwere Aufgabe. Wie hieß das Lied aus der Jugendbewegung der Weimarer Epoche? „Geschlagen kehren wir nach Haus, die Enkel fechten's besser aus." Diese Strophe aus „Geyers wildem Haufen" kann ich heute zu unseren damaligen Bemühungen um eine bessere Vereinigung Deutschlands singen.

→ Jens und Eva Reich, Januar 1990.

East Side Gallery Aneignung der Stadt

Nur eine Woche nach dem Fall der Mauer entschlossen sich Berliner Künstler*innen, aus diesem „Bauwerk der Unmenschlichkeit" ein „Bauwerk gegen die Unmenschlichkeit" zu machen. Nach einigen gescheiterten Versuchen am Potsdamer Platz wurde in Absprache mit den zuständigen DDR-Behörden der Mauerabschnitt entlang der Mühlenstraße gewählt, um dort die „größte Galerie der Welt" entstehen zu lassen.

118 Künstler*innen aus 21 Ländern bemalten bis zur Eröffnung der East Side Gallery am 28. September 1990 die Mauer entlang der Mühlenstraße auf einer Gesamtlänge von 1,3 Kilometern. Wo vor kurzem noch ein tödliches Grenzregime geherrscht hatte — mindestens zehn Menschen kamen im Grenzbereich der East Side Gallery ums Leben —, entstand durch diese künstlerische Aneignung ein Symbol der internationalen Verständigung, das bis heute Millionen Besucher*innen aus aller Welt anzieht.

Diese künstlerische Übernahme stand für den Aufbruch in eine vereinte Stadt mit neuem Selbstverständnis: freiheitlich, international sowie kunst- und kulturaffin — aber auch geprägt durch die Spannungsverhältnisse von Freiräumen und Kommerzialisierung, alten und neuen Berliner*innen, finanzieller Not und kulturellem Kapital.

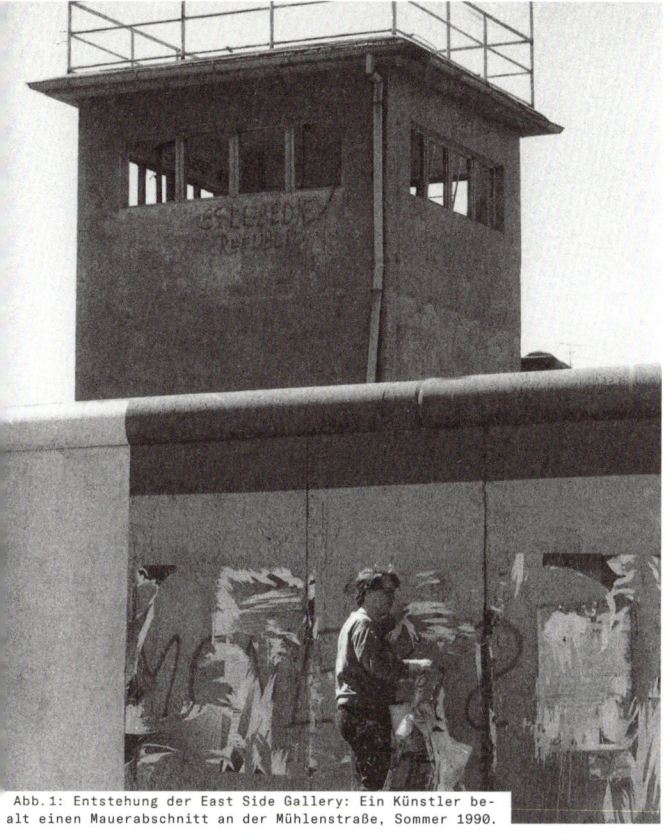

Abb. 1: Entstehung der East Side Gallery: Ein Künstler bemalt einen Mauerabschnitt an der Mühlenstraße, Sommer 1990.

EAST SIDE
GALLERY GDR
EAST SIDE GALLERY GDR

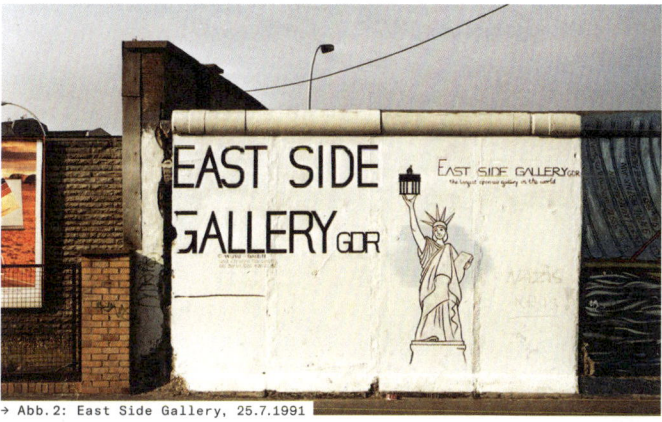

→ Abb. 2: East Side Gallery, 25.7.1991

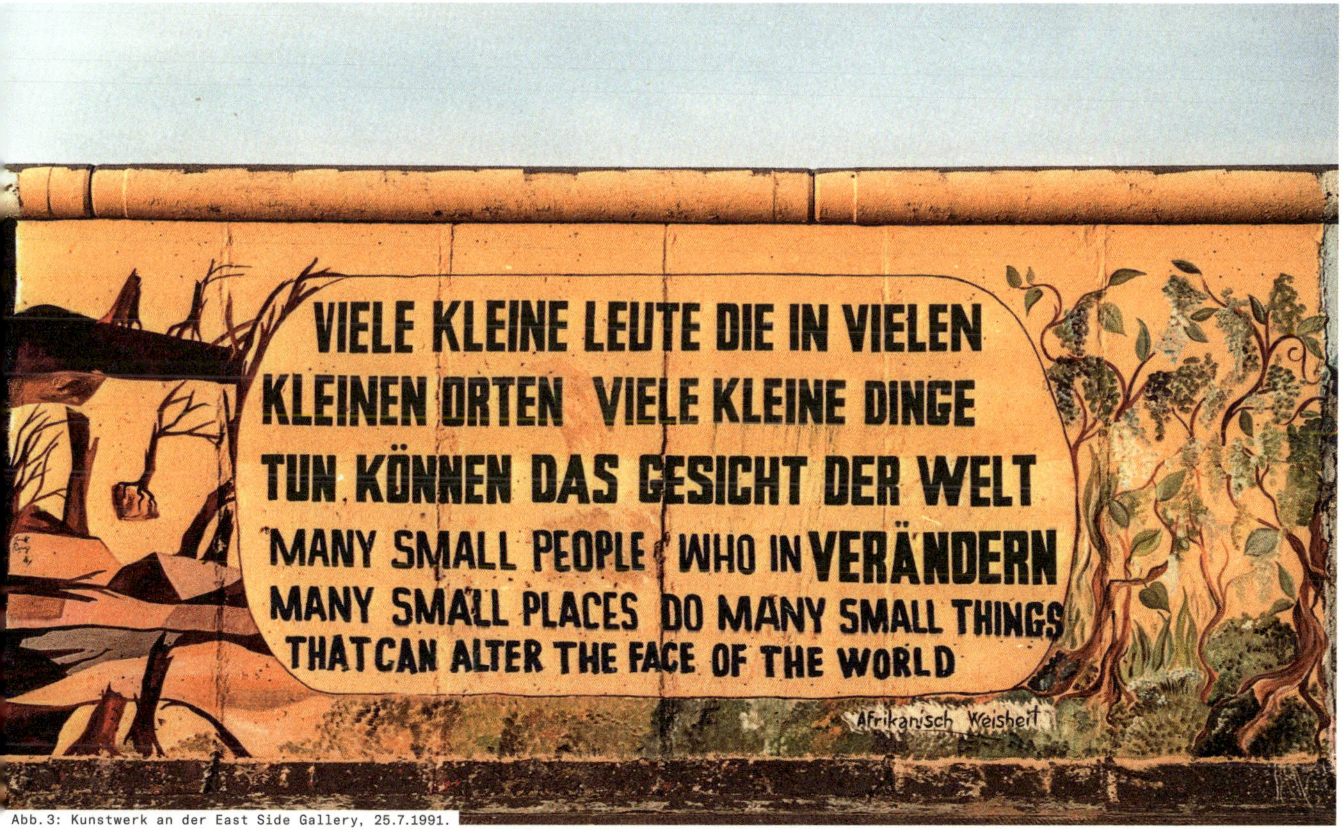
VIELE KLEINE LEUTE DIE IN VIELEN
KLEINEN ORTEN VIELE KLEINE DINGE
TUN, KÖNNEN DAS GESICHT DER WELT
MANY SMALL PEOPLE WHO IN VERÄNDERN
MANY SMALL PLACES DO MANY SMALL THINGS
THAT CAN ALTER THE FACE OF THE WORLD
Afrikanisch Weisheit

Abb. 3: Kunstwerk an der East Side Gallery, 25.7.1991.

→ Abb. 1: Die Grenzanlagen an der Mühlenstraße mit Blick nach Südosten, im Hintergrund der Mühlenspeicher, 1990.

„Am Anfang, im Januar 1990, war gar nichts da. Man konnte nicht über die Oberbaumbrücke in den Westen, die war noch zu. Heute gibt es Hotels und Cafés. Wir hatten gar nichts, keine Toilette, kein Wasser, überhaupt nichts. Wir haben uns mit der Zeit mit den Grenzern angefreundet. Die fanden es am Anfang komisch: Auf einmal kommen Leute und bemalen die Mauer, was vorher verboten war. Aber nach einer Weile haben sie sich sogar fotografieren lassen."

→ Christine MacLean, *1953 in Schottland, Organisatorin der East Side Gallery 1990/91

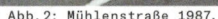

→ Abb. 2: Mühlenstraße 1987.

→ Abb. 3: Entstehung der East Side Gallery, Mai 1990.

Die Grenzsituation an der Mühlenstraße

Mit dem Beginn des Mauerbaus am 13. August 1961 entstand entlang der Mühlenstraße eine besondere Situation. Die Spree gehörte hier in ihrer ganzen Breite zu Ost-Berlin, während erst das Kreuzberger Ufer West-Berliner Gebiet war. Die heute als East Side Gallery bekannte Mauer schloss den Grenzbereich nach Ost-Berlin hin ab. Hinzu kam, dass die Friedrichshainer Mühlenstraße als „Protokollstrecke" für hochrangigen Besuch diente. Die ausländischen Staatsgäste der SED-Regierung konnten hier auf ihrem Fahrtweg zwischen Flughafen Schönefeld und Berlin-Mitte auf die Mauer sehen. Aus diesem Grund war die nach Ost-Berlin weisende Hinterlandmauer hier als „Grenzmauer 75" ausgeführt, die andernorts immer nach West-Berlin zeigte. Die 3,6 Meter hohen Mauerteile sollten nicht nur den Blick auf den Todesstreifen versperren, sondern galten auch als besonders ästhetisch.

Die DDR-Grenzsoldaten patrouillierten im Grenzstreifen und bewachten das Gebiet von den Wachtürmen, von der Oberbaumbrücke und vom Wasser aus. Damit sie ein möglichst „freies Sicht- und Schussfeld" hatten, wurde der Grenzstreifen seit 1961 immer weiter ausgebaut. In den 1970er Jahren wurde die Uferbebauung sukzessive abgetragen. 1977 erfolgte der komplette Abriss der Gebäude, nur der Mühlenspeicher des ehemals riesigen Industrie- und Hafengeländes blieb erhalten. Der Speicher stand im Grenzstreifen, weshalb das Gebäude und die Mitarbeiter*innen bewacht wurden. Für den Zugang der Mitarbeiter wurde ein Pförtnerhaus (heute Souvenir-Kiosk) eingerichtet, das auch von den Soldaten als Zugang zum Grenzstreifen genutzt wurde.

Es verweisen nur noch wenige historische Spuren auf den einstigen Grenzstreifen. Dazu gehören der Postenweg und die vollständig erhaltende Hinterlandmauer, auf der sich die East Side Gallery befindet. Von der Hinterlandmauer gibt es am westlichen Ende der East Side Gallery zudem noch letzte Zeugnisse der ersten Ausbaustufe der Mauer von 1961. Von den charakteristischen grauen Hohlblocksteinen sind aufgrund des stetigen Ausbaus der Mauer berlinweit nur wenige Teile erhalten. _{Anna von Arnim-Rosenthal}

Entstehung der East Side Gallery

Nach dem Mauerfall bot sich den Künstler*innen in der bisher geteilten Stadt eine neue Situation: Hatten sie bis zum 9. November 1989 nur die Westseite der Mauer mit ihrer Kunst bemalt, war ihnen plötzlich auch die nach Ost-Berlin weisende Betonwand zugänglich. Die Mitglieder des Berliner Verbandes Bildender Künstler beschlossen bei einer außerordentlichen Versammlung, die Ostseite zu erobern. Aus dem „Bauwerk der Unmenschlichkeit" sollte ein „Bauwerk gegen die Unmenschlichkeit" werden. Künstler*innen aus Ost-Berlin und der DDR bemalten Segmente am Potsdamer Platz. Die DDR-Grenzsoldaten griffen nicht ein, überstrichen aber am nächsten Tage die neuen Werke. Der West-Berliner Künstler David Monty und die Ost-Berliner Künstlerin Heike Stephan ließen sich davon nicht entmutigen. Sie verhandelten mit dem Ministerium für Nationale Verteidigung und präsentierten im Dezember 1989 ihre Idee, die Mauer „zur größten Galerie der Welt" zu machen. Mit offizieller Genehmigung des DDR-Ministerrats brachten 118 Künstler*innen aus 21 Ländern ihre Bilder entlang der Mühlenstraße auf einer Gesamtlänge von 1,3 Kilometern auf. Am 28. September 1990 wurde die East Side Gallery offiziell eröffnet.

Im übrigen Berlin nahmen die Entwicklungen einen ganz anderen Verlauf: Überall waren Mauerspechte am Werk oder wurden bemalte Mauerteile verkauft. Das einstige Sperrelement ging als Symbol für die friedliche Überwindung und Freiheit um die Welt. Auch für die Kunstwerke der East Side Gallery gab es Pläne, sie auf eine Welttournee zu schicken und zu versteigern. Aber bevor es zu ihrer Zerstörung kam, wurde sie im November 1991 unter Denkmalschutz gestellt. Die Diskussionen über ihre Zukunft rissen deswegen nicht ab. Die Ideen reichten bis hin zu ihrer Versetzung an städtebaulich weniger bedeutsame Berliner Orte, um auf diese Weise an der Spree Bebauungen zu ermöglichen. Stattdessen wurde eine andere Lösung gefunden: Die East Side Gallery sollte am originalen Standort erhalten bleiben, aber Durchlässe für Bauprojekte am Ufer wurden bereits ab 1992 als Option genannt und entstanden in den Folgejahren. Anna von Arnim-Rosenthal

Das Verschwinden der Mauer

Noch im Sommer 1989 hätten sich die meisten Berliner ein Verschwinden der Mauer wohl kaum vorstellen können. Die Berliner Mauer hatte das Stadtbild und das Lebensgefühl in der geteilten Stadt seit 1961 geprägt. Sie war in der DDR ein Machtinstrument gewesen, mit dem die SED die Freizügigkeit der Bevölkerung unterband. Mit dem Ende des Sowjetimperiums und der SED-Herrschaft war ihr Schicksal jedoch besiegelt. Mit der Maueröffnung am 9. November 1989 begann ein partieller Rückbau der Grenzanlagen. Eine erste Bresche für einen neuen Grenzübergang entstand in der Nacht zum 11. November an der Bernauer Straße.

→ Abb. 1: Entstehung der East Side Gallery, Mai 1990.

→ Abb. 2: Für den Bau der Boat Landing Plaza der Veranstaltungsarena (heute Mercedes-Benz Arena) wurde 2006 das Kunstwerk „Masken" von Schamil Gimajew herausgenommen, 22.6.2006.

→ Abb. 3: Die erste Bresche wird in die Mauer gebrochen, Bernauer und Eberswalder Straße, 10.11.1989.

→ Abb. 4: Beginn des vollständigen Rückbaus der Mauer, Bernauer, Ecke Ackerstraße, 13.6.1990.

→ Abb. 5: Neue Freiheit, Bernauer Straße, 1990.

Bis Jahresende wurden zahlreiche Straßenübergänge wieder passierbar gemacht, an denen Staatssicherheit und Zoll der DDR allerdings noch Grenzkontrollen durchführten. Ende Januar 1990 waren 25 Straßenübergänge wieder hergestellt. Mit der Beseitigung der 45.000 Segmente der Mauer waren die Grenztruppen der DDR beauftragt, die sie so lange bewacht hatten. Abgerissen wurden neben der zum Westen gewandten Grenzmauer auch die anderen Sperrelemente im Grenz-streifen: Wachtürme, Signalzäune, Fahrzeugsperren, Gräben, Grenztelefonnetz, Postenbunker und die nach Ost-Berlin weisende Hinterlandmauer.

Nach der Wahl im März 1990 kündigte Ministerpräsident Lothar de Maizière den vollständigen Mauerabriss an. Bis zum 1. Juli, dem Beginn der Wirtschafts-, Währungs- und Sozialunion, als die Grenzkontrollen aufgehoben wurden, waren fast alle Straßen zwischen Ost und West wieder passierbar. Am 13. Juni 1990 be-gann an der Ecke Ackerstraße und Bernauer Straße auf der Grenze zwischen den Berliner Bezirken Wedding und Mitte offiziell der systematische Rückbau der Mauer. Der Abbau gewann mit dem Prozess des politischen Zusammenwachsens an Geschwindigkeit. Am 3. Oktober 1990 trat die DDR in Form der fünf neuen Länder der Bundesrepublik bei. Damit wurde die Berliner Mauer Geschichte. Zu Weihnachten 1990 war die Mauer fast vollständig verschwunden. Gerhard Sälter

Im Niemandsland der Freiheit

Seit dem November 1989 änderte sich der Symbolgehalt der Berliner Mauer. Stand sie bis dahin für den Charakter des SED-Regimes, die Teilung der Welt und den Kalten Krieg, wurde sie nun zu einem Symbol für deren Überwindung. Deshalb begannen bereits in der Nacht des 9. November Menschen, sich zum Beweis Stücke aus der Mauer zu brechen. Dies wurde in den folgenden Monaten zu einem Massensport. Sogenannte Mauerspechte bearbeiteten vor allem die West-Berlin zugewandte farbenprächtig bemalte Fassade der Grenzanlagen. Sie brachen Stücke heraus als Zeugnisse für ein überwundenes Zeitalter, welche die „Erlösung vom Kalten Krieg" (Brian Ladd) bezeugen sollten.

Es gab andere Aneignungen. Im April 1990 begann eine Aktion, bei der unter dem Stichwort „Mauer, Land, Lupine" der Grenzstreifen durch Bepflanzen in eine Parklandschaft umgestaltet werden sollte. Ebenfalls im Frühjahr begannen Künstler*innen an der Ost-Berliner Mühlenstraße, die Hinterlandmauer zu bemalen, auch dies eine Befreiungsaktion, in der ein Symbol der Diktatur mit Bildern ihrer Überwindung gestaltet wurde. Die daraus entstehende East Side Gallery entwickelte sich zu einem Magneten für Touristen, die sie noch immer täglich zu tausenden besuchen. Aus einer einmaligen Kunstaktion ist ein Wahrzeichen Berlins geworden.

Mit dem Abbau der Mauer begann ihre Kommerzialisierung. Geschäftstüchtige Berliner*innen verkauften den Tourist*innen, welche sich die neue Freiheit Berlins ansehen wollten, Mauerstücke oder sie verliehen gegen einen Obolus Hammer und Meißel. Einige Ost-Berliner*innen beschwerten sich bei den Behörden der DDR, dass die von ihnen bezahlte Mauer von West-Berliner*innen auf dem Kurfürstendamm feilgeboten wurde. Noch heute können Tourist*innen Mauerstücke kaufen, die wahrscheinlich zumeist echt sind.

Je weniger von der Mauer noch stand, desto mehr gewann sie an Wert, vor allem, wo sie von bekannten Künstler*innen bemalt war. Die letzte DDR-Regierung begann, Mauersegmente zu verkaufen, im Juni 1990 gab es in Monaco gar eine Auktion. Der Gesamterlös aus dem Mauerverkauf belief sich bis Oktober 1990 auf 2,2 Millionen Mark — Westmark natürlich. Gerhard Sälter

Von der geteilten Stadt zur Kunst- und Partymetropole

„Die Mauer war weg, staunend verfolgten wir Anfang 1990, wie die DDR fast im Zeitraffer abgewickelt wurde, ungläubig feierten wir Partys in verlassenen NVA-Bunkern und Industrieanlagen des Ostens. Für ein halbes Jahr schien ein Utopia möglich." So erinnerte sich der DJ und Techno-Pionier Mijk van Dijk an den kulturellen Aufbruch Berlins nach dem Fall der Mauer.

Der Zusammenbruch der SED-Diktatur 1989/90 markierte nicht nur das Ende einer 40-jährigen Geschichte von Unterdrückung und Abschottung, sondern auch den Startschuss für eine sich rasant entwickelnde neue kulturelle Vielfalt — vor allem in Berlin. Gerade die durch die Mauer geteilte Stadt bot durch den Wegfall der Grenze quasi über Nacht eine Vielzahl neuer Möglichkeiten: Einerseits für die schon vorhandene kreative Szene im Ostteil, die jetzt ihre neu gewonnenen Freiheiten ausleben konnte, und andererseits für die Nachbar*innen aus dem Westteil der Stadt, für die es plötzlich eine ganze Stadthälfte neu zu erkunden gab.

→ Abb.1: Mauerspechte, 1990.

→ Abb.2: Die Mauer als Abenteuerspielplatz, 1990.

→ Abb.3: Kinder bemalen die Mauer, 1990.

→ Abb.4: Mit dem Kunst- und Veranstaltungszentrum „Tacheles" in der Oranien-
burger Straße entstand im Februar 1990 ein wichtiger Treffpunkt der kreativen
Szene Berlins – durch Besetzung, Aufnahme aus dem Jahr 1992.

→ Abb.5: Zeitweise Berlins bekanntester Techno-Club:
Der 1991 eröffnete „Tresor" an der Wilhelmstraße
Ecke Leipziger Straße, Aufnahme aus dem Jahr 1996.

Neue Galerien, Clubs und Ateliers eröffneten an allen Ecken. Entscheidende Voraussetzung dafür waren vor allem die sich im Ostteil der Stadt auftuenden Möglichkeiten. Die marode Wirtschaft der DDR und die seit Jahren vernachlässigte Stadtentwicklungspolitik boten jetzt Gelegenheiten: Leer stehende Häuser, alte Fabrikhallen, ungenutzte Militäranlagen oder einfach brachliegende Grundstücke wurden in Akten der kulturellen Aneignung zu kreativen Freiräumen auf Zeit — meist ohne offizielle Genehmigung. Die Volkspolizei, verunsichert und mit den eigenen Problemen des Umbruchs beschäftigt, schritt selten ein.

Hier liegen die Ursprünge für die Entwicklung Berlins zu der Party-, Kunst- und Kulturmetropole, die sie heute ist. Vor allem die Anfang der 1990er-Jahre schnell wachsende Techno-Szene setzte hier Maßstäbe und prägte das Nachtleben und damit auch das neue Image der Stadt. Entscheidend dafür war etwa die Gründung des Clubs „Tresor" in der Leipziger Straße im Ostteil der Stadt. Für Mijk van Dijk war klar: „Ich glaube nicht, dass Techno ohne den Fall der Mauer so hätte boomen können." Henning Wellmann

→ Abb. 1: Mit der stetig wachsenden Love Parade erreicht das Techno-Fieber in Berlin seinen Höhepunkt. 1989 ins Leben gerufen, zog der jährliche Umzug zehn Jahre später bis zu 1,5 Millionen Menschen an. Hier die Love Parade am Tiergarten, 1999.

→ Abb. 2: Baustelle am Potsdamer Platz, 1995. Hier soll ein neues modernes Stadtzentrum entstehen. Großinvestoren sichern sich schon kurz nach dem Mauerfall die entsprechenden Grundstücke.

„Metropolenrausch"

Der Fall der Mauer und die anschließend schnell aufkommende Perspektive einer Wiedervereinigung stellten nicht nur die beiden deutschen Staaten vor die Herausforderung einer neuen politischen und kulturellen Standortbestimmung. Auch Berlin, die bisher „geteilte Stadt", musste sich quasi über Nacht neu erfinden. Wie sollten die enormen Herausforderungen des Zusammenwachsens zweier so unterschiedlicher Stadthälften gelingen? Wie würde der fraglos notwendige Strukturwandel zu meistern sein? Was wollte Berlin sein? Die Antwort war schnell klar: eine Weltstadt, eine „Global City".

Berlin zählte 1990 noch zu den Industriestädten. 25 Prozent der Beschäftigten in Ost-Berlin arbeiteten in der Produktion, ein Drittel im Staatssektor. In West-Berlin, das wirtschaftlich ohnehin nur durch die Subventionen der Bundesrepublik lebensfähig war, arbeitete ein Viertel der Beschäftigten im öffentlichen Dienst, Industrie und Dienstleistungssektor waren nur schwach entwickelt. Nach dem Zusammenbruch der DDR-Wirtschaft und dem Wegfall der Bonner Unterstützung war klar: Der Weg zum neuen Berlin musste mit einer auch wirtschaftlichen Neuausrichtung einhergehen. Angesichts des fortschreitenden Rückgangs der Industrie wurde dabei verstärkt auf den Ausbau der Dienstleis-

→ Abb. 3: Ein Wald aus Kränen um die Berliner Siegessäule, 1998. In Anspielung an J.R.R. Tolkiens Buch „Der Herr der Ringe" erhält Wolfgang Nagel, Berliner Bausenator 1989 bis 1996, den Beinamen „Herr der Kräne".

→ Abb. 4: Proteste gegen das Großbauprojekt Mediaspree, 19.4.2008. Kommunikations- und Medienunternehmen sollen entlang des nördlichen Spreeufers angesiedelt werden und Bürogebäude, Lofts und Hotels entstehen. Ein Bürgerentscheid, der einen freien Zugang zum Spreeufer für alle fordert, stoppt die Pläne teilweise.

tungswirtschaft gesetzt. Was folgte, war ein ungeheurer Bauboom, getragen von der Euphorie des plötzlich möglich scheinenden Wandels der Stadt von der abgeschotteten „Insel Berlin" zur Weltstadt — ein „Metropolenrausch". Die Großbaustellen von Bürogebäuden, Einkaufszentren und Repräsentanzen von Großkonzernen, aber auch von neuen Wohnkomplexen und Infrastrukturprojekten verpassten Berlin den Beinamen der „größten Baustelle Europas".

Dabei zeichnete sich schnell ein Konflikt ab, der Berlin bis heute prägt: das Spannungsverhältnis zwischen Freiräumen und Kommerzialisierung, Kultur und Vermarktung. Die gewinnorientierte Nutzung des Stadtraums trat zunehmend in Konkurrenz mit der kulturellen und sozialen. Gerade im Bereich der East Side Gallery kam es immer wieder zu Protesten gegen hier geplante Bauvorhaben. Henning Wellmann

165

Die Geschichte der Treuhandanstalt

Was wird eigentlich aus dem „Volksvermögen"? Diese Frage warf eine Gruppe von Oppositionellen um Wolfgang Ullmann in einer Sitzung des Runden Tisches im Februar 1990 auf. Die letzte kommunistische Regierung unter Hans Modrow griff deren Vorschlag zur Gründung einer neuen „Treuhand-Stelle" auf und rief diese im März ins Leben.

Sollte die „Ur-Treuhand" zur „Bewahrung" des gigantischen DDR-Industriekomplexes mit über 8.500 Betrieben und vier Millionen Beschäftigten dienen, drehte sich ihr Zweck im Sommer 1990 komplett um: Nach der Volkskammerwahl vom 18. März 1990 standen die Zeichen auf eine rasche Wiedervereinigung. Die Treuhand sollte — gemäß dem neuen „Treuhand-Gesetz" vom 17. Juni 1990 — die enorme Aufgabe übernehmen, den Staatsbesitz so schnell wie möglich zu privatisieren. Nach der Wirtschafts- und Währungsunion vom 1. Juli 1990, die über Nacht D-Mark und Marktwirtschaft in Ostdeutschland einführte und viele Betriebe vor erhebliche Herausforderungen stellte, übernahmen westdeutsche Wirtschaftsexperten um den erfahrenen Stahl-Manager Detlev Karsten Rohwedder das Kommando bei der Treuhandanstalt. Diese neuen Führungskräfte bauten die Treuhand rasch zu einer Privatisierungsagentur um und aus.

Die neu ausgerichtete Organisation begann vor allem ab dem Frühjahr 1991, umfassende Privatisierungs-, Schließungs- und Entlassungsentscheidungen zu verkünden. Nach der dramatischen Ermordung des Treuhand-Präsidenten

→ Abb. 1: Nachdem der erste Sitz der Treuhandanstalt am Alexanderplatz zu klein wird, bezieht sie im März 1991 das Gebäude des ehemaligen Hauses der Ministerien in der Leipziger Straße.

→ Abb. 2: Der Vorstand der Treuhandanstalt, 1991: v.l.n.r.
Birgit Breuel, Detlev Karsten Rohwedder und Günther Halm.

→ Abb. 3: Birgit Breuel, die Nachfolgerin des ermordeten Detlev Karsten Rohwedder an der Spitze
der Treuhand, entfernt nach getaner Arbeit das Namensschild am Sitz der Treuhand, 30.12.1994.
Nach knapp viereinhalb Jahren sieht die Treuhandanstalt ihre Aufgaben als erledigt an.

Rohwedder am 1. April 1991 übernahm die CDU-Politikerin Birgit Breuel die Führung der Organisation und setzte dessen Privatisierungskurs mit großem Nach-
druck fort. In den Jahren 1991 und 1992 konnten die Manager der Treuhand auf
diese Weise den Großteil ihrer Betriebe privatisieren, wobei ein Löwenanteil an
westdeutsche Investoren veräußert wurde. Viele Betriebe in klassischen Indust-
rie-Branchen ließen sich jedoch aufgrund ihrer schwierigen Lage nur mit erheblichen Verlusten privatisieren, weshalb die Treuhand nicht die ursprünglich
noch erhofften Gewinne, sondern bis zu ihrer Auflösung im Jahr 1994 ein enor-
mes Defizit von 260 Milliarden D-Mark anhäufte. Marcus Böick

Aufbrüche — Umbrüche

Der Erfolg der Friedlichen Revolution — der Sturz der SED-Diktatur — und die Entscheidung für eine schnelle Wiedervereinigung bei den freien Volkskammer-wahlen im März 1990 hatten für die DDR-Bürger*innen Brüche in fast allen Lebensbereichen zur Folge. Nicht nur der Übergang von der Plan- zur sozialen Marktwirtschaft zeigte gravierende Auswirkungen auf das Leben von Millionen, ein ganzes Gesellschaftssystem brach zusammen — in atemberaubender Geschwindigkeit.

Maßgeblich prägte diesen Prozess die Entscheidung, dass die DDR mit der Wiedervereinigung Teil der Bundesrepublik werden sollte. Das bedeutete die Übertragung der westdeutschen Sozial-, Wirtschafts- und Rechtsordnung auf die nun neuen Bundesländer. Die Folgejahre waren also mehr von enormen Anpassungsleistungen in Höchstgeschwindigkeit als von einem Zusammenwachsen geprägt: Kinderbetreuung, Schul- und Hochschulbetrieb, Verwaltungs- und Justizwesen, Kulturförderung, Polizei und Militär, politische Strukturen — all das und vieles mehr musste neu organisiert und den Standards der Bundesrepublik angepasst werden. Die Auswirkungen dieser schnellen Übernahme des westdeutschen Systems hatten viele Bürgerrechtler*innen befürchtet, sie standen daher einer übereilten Wiedervereinigung skeptisch gegenüber. Ihnen schwebte eine langsamere Annäherung vor, die einer Reformierung und Demokratisierung der DDR aus eigener Kraft heraus mehr Zeit gegeben hätte. Weder fanden

→ Abb. 1: Schüler*innen in Dresden zeigen ihre letzten Zeugnisse einer DDR-Schule, 8.7.1990. Wenige Tage nach dem Beginn des neuen Schuljahres werden sie ab dem 3.10.1990 mit dem Beitritt der DDR zur Bundesrepublik ein neues Schulsystem kennenlernen.

„Gerade Berlin hätte die Chance gehabt, eine zehnjährige Schule für alle zu machen. Auf diese enorme Chance hatte ich persönlich sehr gehofft: Jetzt wird es klappen! Wir müssen nur im Sinne der Vereinigung und Vereinheitlichung im Westen nachziehen. Dann haben wir zehn Jahre für alle. Das ist gut für migrantische Kinder, für Inklusion, für Demokratie, gegen Klassendenken und Vorurteilsbildung. Aber profitiert hat Gesamtdeutschland leider nicht von den Erfahrungen gemeinsamer Beschulung im Osten."

→ Sanem Kleff, *1955 in der Türkei, 1989 Lehrerin in West-Berlin

→ Abb. 2: Um noch vor Jahresende ihre Fahrzeuge ab-, an- oder umzumelden oder Autoversicherungen abzuschließen, müssen die Bürger*innen in den neuen Bundesländern, wie hier am 29.12.1990 in Cottbus, Wartezeiten von bis zu zwölf Stunden in Kauf nehmen.

→ Abb. 3: In der Hoffnung, die Demokratisierung und Reformierung der DDR eigenständig gestalten zu können, wurde in einer Arbeitsgruppe des Zentralen Runden Tischs, einer Art Nebenparlament, in dem Vertreter*innen von Opposition, alten Parteien und Regierung miteinander verhandelten, ein neuer Verfassungsentwurf für die DDR erarbeitet. Als sich dieser aufgrund der Aussicht eines Beitritts der DDR zum Geltungsbereichs des Grundgesetzes der Bundesrepublik als obsolet erweist, wird er in Ost-Berlin symbolisch zu Grabe getragen, 21.5.1990.

ihre Bedenken größeres Gehör noch ließen die politischen Gegebenheiten 1990 viel Handlungsspielraum.

Die neugewonnene demokratische Freiheit ging mit einem Systemwechsel einher, in dem es für die Menschen in Ostdeutschland kaum Möglichkeiten zur Mitgestaltung gab. Auch personell wurde der Transformationsprozess oft von Westdeutschen in die Hand genommen. Vielfach entstand der Eindruck einer fremdbestimmten Übernahme, der bis heute nachwirkt. Zusammen mit den erheblichen wirtschaftlichen Verwerfungen, die der Übergang zur Marktwirtschaft verursachte, erwiesen sich die Umbrüche der 1990er-Jahre daher als durchaus zwiespältig — trotz aller Freude über die Überwindung der SED-Diktatur. Henning Wellmann

Radikale Rechte in der DDR

Die DDR hatte das Selbstverständnis, ein antifaschistischer Staat zu sein. Untergründig hielten sich über die gesamte Geschichte der DDR hinweg aber rechtsradikale Milieus am Leben. Ab den frühen 1980er-Jahren entstanden rechtsradikale Skinhead-Cliquen in Städten wie Ost-Berlin, Dresden und Rostock und breiteten sich DDR-weit aus. Es war eine rechte Protestkultur gegen die DDR-Gesellschaft, die sich wesentlich aus der Hooligan-Szene rekrutierte.

1986 gründeten Hooligans des Fußballvereins BFC Berlin die „Lichtenberger Front", 1988 wurde daraus die „Bewegung 30. Januar". Solche rechtsradikalen Aktivitäten wurden von der Staatssicherheit registriert und verfolgt. Eine öffentliche Debatte darüber unterblieb.

→ Abb. 1: Einsatz von Wasserwerfern zum Schutz der Parteizentrale der profaschistischen Partei Nationale Alternative (NA) in der Weitlingstraße in Berlin-Lichtenberg, 23.6.1990.

„Den Rassismus heute kann man nicht vergleichen mit den 90er-Jahren. Da war es schlimm, das war Krieg. Man wusste, ich gehe auf die Straße und komme vielleicht nicht mehr zu meiner Familie, weil ich tot bin. Es ist besser geworden in Eberswalde, weil es nicht mehr so viele Nazis gibt. Ich denke, wenn sich alle Parteien zusammensetzen und eine gute Lösung finden, um die Ausländer zu integrieren, dann geht die AfD auch ein bisschen unter."

→ Augusto Jone Munjunga,
* in Angola

→ Abb. 2: Rechtsextreme Krawalle gegen ein Wohnheim von Asylbewerber*innen in Rostock-Lichtenhagen, August 1992.

→ Abb. 3: Schnelle Vereinigung: Leipziger Neonazis und Mitglieder der rechtsextremen Freiheitlichen Arbeiterpartei (FAP) aus der Bundesrepublik protestieren zusammen auf einer Leipziger Montagsdemonstration, 11.12.1989.

Schon ab Mitte der 1980er-Jahre häuften sich Gewalttaten. 1987 fand in der Berliner Zionskirche, einem Zentrum der DDR-Opposition, ein Konzert mit der West-Berliner Gruppe „Element of Crime" statt. Eine Gruppe von 30 Neonazi-Skinheads überfiel die Veranstaltung und verletzte dutzende Gäste. Nach dem bisherigen offiziellen Schweigen löste die Tat nun öffentliche Debatten über den DDR-Rechtsradikalismus aus. Gegen einige Täter wurden Haftstrafen verhängt und der Prozess vom FDJ-Organ Junge Welt begleitet.

Eine Studie aus dem Jahr 1988 zeigt, wie weit rechte Ansichten verbreitet waren. Zwei Prozent der DDR-Jugendlichen bekannten sich zur Skinhead-Szene, vier Prozent sympathisierten mit ihr, 30 Prozent begrüßten rechte Aktivitäten.

Im Zuge des Umbruchs von 1989 und 1990 boomte der Rechtsradikalismus. Rechts zu sein wurde „in" unter ostdeutschen Jugendlichen — ein nationalistischer Taumel. Neonazi-Organisationen aus der Bundesrepublik expandierten in den Osten. Die „Lichtenberger Front" wurde in Berlin in die Partei „Nationale Alternative" überführt. Anfang 1990 richteten die Neonazis in der Lichtenberger Weitlingstraße einen Treff ein, von dem aus schwere Gewalttaten verübt wurden.

1991 und 1992 entlud sich der Hass in pogromartigen Ausschreitungen in Hoyerswerda und Rostock-Lichtenhagen. Rassistisch gesinnte Anwohner*innen feuerten Gewalttäter an, die unter den Augen der Polizei „Ausländerheime" attackierten. Das gefestigte Neonazimilieu setzte seine Gewalt fort — eine Entwicklung, in deren Kontext auch die Morde des NSU einzuordnen sind und die bis heute nachwirkt. Christoph Schulze

Rassismus in der „geschlossenen Gesellschaft": Gewalt und Tabu

Nach dem Beitritt der ostdeutschen Länder zur Bundesrepublik erreichten dort ausländerfeindliche Ausschreitungen und rassistische Gewalttaten ein bisher ungekanntes Ausmaß. Erstes bekanntes Todesopfer wurde Amadeu António Kiowa, ein ehemaliger angolanischer Vertragsarbeiter. Er wurde in Eberswalde in der Nacht vom 24. auf den 25. November 1990 vor den Augen der lokalen Polizei von Skinheads überfallen und so schwer verletzt, dass er seinen Verletzungen am 6. Dezember erlag. Dieser mehr als tragische Vorfall erregte zeitweise bundesweit hohe Aufmerksamkeit und verleitete viele Beobachter*innen zu der Annahme, dass sich in den sogenannten neuen Ländern eine bisher nicht vorhandene Bereitschaft zu gewaltsamen Ausschreitungen gegen Ausländer*innen entwickelt hatte.

171

Recherchen lokaler Initiativen und Mikrostudien von Historiker*innen zeigen aber, dass es im SED-Staat sehr wohl Gewalt von ähnlichem Ausmaß gab, insbesondere gegen Vertragsarbeiter*innen. So fanden im August 1975 in Erfurt über mehrere Tage ausländerfeindliche, pogromartige Ausschreitungen statt. Am 11. und 12. August 1979 kam es in Merseburg zu gewaltsamen Auseinandersetzungen zwischen kubanischen Vertragsarbeiter*innen und einheimischen Jugendlichen, bei denen Delfin Guerra und Raul Garcia Paret ihr Leben verloren. Solche Vorfälle, aber auch andere Konflikte, wie Arbeitsniederlegungen von vietnamesischen Vertragsarbeiter*innen, wurden in der kontrollierten Öffentlichkeit der DDR strikt tabuisiert. In den Betrieben waren die ausländischen Arbeiter*innen ihren deutschen Kolleg*innen zwar formal gleichgestellt. Wenn die Arbeitsmigrant*innen aber gegen diskriminierende Anweisungen protestierten, drohten ihnen Vorgesetzte mit Polizei und Zwangsrückführung wegen Verstoßes gegen die „sozialistische Arbeitsdisziplin". Eine offene Auseinandersetzung mit rassistischen Stereotypen war wegen der vermeintlich antirassistischen Ideologie des SED-Staates nicht möglich. Rassismus galt als Konsequenz des Kapitalismus und damit als alleiniges Problem des „Westens". Patrice G. Poutrus

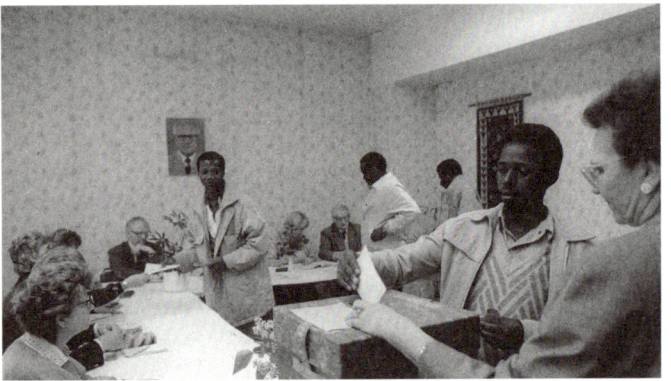

→ Abb. 1: Die offizielle Ideologie der SED sah den Rassismus als ein Problem, das nur den „Westen" betraf. Offiziell waren Ausländer*innen in der DDR willkommen und durften sich etwa, wie hier zu sehen, an den Kommunalwahlen beteiligen, Berlin, 7.5.1989.

→ Abb. 2: Gedenktafel in Eberswalde für Antonio Amadeu, 9.8.2000.

→ Abb. 3: Eine Demonstration gegen aufkeimenden Rechtsextremismus am 7.1.1990 in Neubrandenburg auf dem Karl-Marx-Platz.

Abb. 4: Verwundete Nicaraguaner treffen auf dem Ost-Berliner Flughafen Schönefeld ein, 1979. Offiziell erklärte sich die DDR solidarisch mit anderen sozialistischen Völkern, wie in diesem Fall mit den Sandinisten in Nicaragua.

Abb. 5: Nach schweren ausländerfeindlichen Ausschreitungen 1991 in Hoyerswerda wollen viele Asylbewerber*innen zurück nach Westdeutschland.

→ Abb. 6: Antifaschismus galt als Staatsdoktrin in der DDR. Selbst die Mauer wurde als Schutz gegen Faschismus dargestellt. Hier zu sehen: Feiern zum 25. Jahrestag des Mauerbaus, Berlin 13.8.1986.

Margaret Hunter

→ geb. 1948, schottische Künstlerin, seit 1985 auch in West-Berlin ansässig, 1990 Künstlerin der East Side Gallery.

Wer Schmetterlinge atmen hört

Ich kam nach Westberlin, um nach meinem Studium in Glasgow an der Akademie der Künste bei Professor Georg Baselitz zu studieren. West-Berlin war anders als überall. Das Leben war „künstlich", mit Subventionen, ohne Wehrpflicht, mit günstigen Wohnungen und die Leute konnten ewig studieren. Das Hauptding in Westberlin war diese absolute Freiheit. Ich konnte als Künstlerin leben, wie ich das in Schottland nicht konnte. Das war fantastisch. Aber egal, wo man hinging, kam man an eine Mauer, insofern künstlich. Nach der Wende hat sich das radikal geändert. The artificial kind of life was gone.

Ich wurde 1988 von Solidarność zu einer Ausstellung in der Franziskanerkirche in Pryemysl, Polen, eingeladen. Kunst war, besonders in Polen, ein Mittel, wie Leute zusammenkommen konnten. Eine politisch bedeutende Zeit, eine erstaunlich interessante Erfahrung für mich; die Künstler wollten mir alles zeigen, alles erzählen. Das gab mir einen anderen Blickwinkel auch für meine Kunst, und das Gefühl, dass ich ein Außenseiter bin, neutral.

Ich war nach der Wende neugierig und schnell im Osten mit Ausstellungen in Potsdam, Halberstadt, Görlitz, Dresden. Wieder wollten die Leute mit mir sprechen, denn ich war keine westdeutsche Künstlerin. Die fanden sie zu dieser Zeit vielleicht arrogant.

Ich spürte wieder diese Nähe zu den Ostdeutschen. So wie ich konfrontiert war, nach dem Leben in einem kleinen Dorf in Schottland, mit diesem glitzernden Westberlin, diesem „Alles ist möglich", war es auch für sie sehr schwierig. Der Kohl hatte „blühende Landschaften" versprochen. Aber was kam für viele? Arbeitslosigkeit. Es hat Zeit gebraucht.

Nach zehn Jahren war kaum was los, keine große Feier, nichts. Ich merkte, es ist immer noch zu nah. Viele Leute waren im Zwiespalt. Beim Mauerfall war ich in Schottland, weil meine Tochter heiratete. Die Nachrichten, die Fernsehbilder waren unglaublich und die Euphorie — sie war ansteckend. Erstaunlich, wie es passiert ist. Dass sich die deutsche Teilung in einem Moment plötzlich ändern könnte, hat niemand geglaubt. Es war ein Moment voller Energie, fast wie eine Explosion. Ich habe an diesem Abend sofort ein Bild gemalt, ein Kopf mit beiden Armen und Händen hoch gestreckt, sehr dramatische Farben, viel Rot und Orange, Titel: „Berlin, 9.11.89".

175

Viele Besucher flogen nach Berlin, wollten Teil dieser großen Wiedervereinigung sein. Nicht so lange davor, vielleicht zehn Monate, war noch ein junger Mann erschossen worden bei dem Versuch, in den Westen zu fliehen. Für mich gab es diesen Zwiespalt zwischen Euphorie und Ernsthaftigkeit. Ich erinnere mich an die Holzkreuze in der Nähe der Mauer gegenüber dem Reichstag, einige mit der Aufschrift ‚Unbekannt'. Leute haben später Namen draufgeschrieben. Das war sehr berührend.

Nach dem Mauerfall bin ich oft nach Schottland gependelt. Jedes Mal wenn ich zurückkam, gab es dramatische Veränderungen. Die Treuhand kam, die Betriebe manchmal für eine Mark verkauft hat, viele wurden arbeitslos. Die Stasi-Zentrale wurde gestürmt und später konnte jeder seine Stasiakte lesen. Für sehr viele Leute war es furchtbar zu erfahren, wer sie bespitzelt hatte.

1990 war ich eingeladen, ein Bild für die East Side Gallery zu malen mit mir über 100 Künstler aus Ost und West weltweit. Als ich malte, parkte eine junge Frau ihren Trabi auf dem Bürgersteig und sagte: „Ich möchte auch ein Bild hier malen." Es war zu spät, aber ich antwortete: „Sie können ein Segment von mir haben." Sie hat ihren Trabi von der Betriebsanleitung kopiert und darüber geschrieben: „Test the Best!" Das Auto kam von Westen nach Osten durch die Mauer. Das fand ich sehr fetzig. Auch „Test the Best" war treffend. Denn der Trabi war verpönt im Westen, und die Zigarettenmarke ‚West' war damals überall zu sehen mit Ihrer Werbung „Test the West".

Die Künstler haben gemeinsam gearbeitet, neben uns Rumänen waren da auch Italiener, Spanier, Amerikaner, Franzosen, von überall kamen die Künstler und andere, die etwas zu sagen hatten. Wir konnten uns nicht richtig verstehen, aber die Atmosphäre war voller Elan und wir waren alle happy. Ständig fuhren Busse langsam vorbei, sehr viele Japaner und auch sehr viele Medien. Wir diskutierten die Wiedervereinigung. Das waren so aufregende Zeiten. Nach einem Jahr wurde die East Side Gallery unter Denkmalschutz gestellt.

Aber nach zehn Jahren war die East Side Gallery in einem erbärmlichen Zustand. Einige Künstler kamen zusammen und wir haben unsere eigenen Bilder renoviert und die Graffitis entfernt. Es gab eine Art ‚Dialog' mit den Graffiti-Leuten. Sie haben was geschrieben, ich habe es weggewischt. Es kamen wieder neue Messages — das fand ich nicht so schlecht. Einmal wollte ich mein Bild fotografieren. Da fragten mich drei italienische Mädchen, ob ich was zu schreiben hätte. Ich schimpfte: „You are not writing on this painting!" „Si." „Nein, das ist mein Bild." Wir haben Fotos gemacht zusammen und über die Bedeutung des Bildes diskutiert.

Der Titel des Gemäldes ist „Joint Venture", es zeigt zwei große, seitlich übereinandergelegte maskenartige Köpfe; im Englischen gibt es den Begriff „strange bedfellows". Für mich waren diese beiden Masken wie die zwei Deutschlands. Denn beide Seiten fragten sich: Was steckt dahinter? Die schwarzen Linien dazwischen sollen Kommunikation und Austausch symbolisieren, das war das Ideal. Aber die Figuren zu beiden Seiten sind die Menschen, die sich beugen und strecken, um ihrer neuen Situation gerecht zu werden, besonders im Osten.

Die East Side Gallery war Stückwerk. Es ist fantastisch, dass sie von der Stiftung Berliner Mauer übernommen wurde, eine Erleichterung. Als 2016 ein großes Mauerstück herausgenommen wurde, war ich sehr besorgt: Ich dachte, es ist der Anfang vom Ende der East Side Gallery. Ich finde, sie ist für jede Person weltweit ein Synonym für den Eisernen Vorhang. Wenn man die Galerie entlangläuft, kann man sich vorstellen, wie es war. Es ist konkret, nicht über die Köpfe hinweg. Es gibt die Geschichten, es ist bunt. Man kann in den Bildern lesen. Deshalb fand ich es auch sehr gut, dass wir 2009 gebeten wurden, die Bilder der East Side Gallery zu restaurieren. Die Mehrheit der Künstler kamen wieder zusammen, das war sehr feierlich, ganz anders als beim ersten Mal 1990, mit Farben von besserer Qualität, Gerüsten und Assistenten zur Unterstützung der Arbeit. Die komplette Restaurierung war ein Höhepunkt zum 20-jährigen Jubiläum des Mauerfalls. Und das Interesse der Bevölkerung und der Medien war groß. Vielleicht wirken die frischen, bunten Bilder wie ein Pflaster auf einer Wunde, das die schlechten Erinnerungen überdeckt.

Für eine Ausstellung in Potsdam habe ich 2009 eine 1:1-Kopie von dem großen Mauerbild gemacht. Zur Eröffnung habe ich die Leute eingeladen, Kommentare zur Wiedervereinigung auf das Bild zu schreiben. Es sollte ein bisschen die Wiederholung der Graffitis auf dem Original-Mauer-

bild sein. Einer lautet: „Wer Schmetterlinge atmen hört."

2017 hatte ich eine bedeutende Ausstellung in Schottland und zeigte wieder die Kopie von dem großen Mauerbild. Da kamen auch Schulgruppen, die hatten kaum je von der Mauer gehört. Ich habe Führungen gemacht und viel erklärt. Das Bild wirkte wie ein großes Mauerteil. Das hat die Leute erst schockiert und dann interessiert. Die Aufsichten haben mir aufmerksam zugehört und später selbst kleine „Führungen" gemacht.

Lange war die Mauer in den Köpfen sehr schwierig zu überwinden. Das macht das 30-jährige Jubiläum so interessant. Ich denke, es wird eine große Feier. Jetzt haben wir auch ein Publikum, das 1989 noch nicht geboren war, das die Mauer nie erlebt hat.

→ Margaret Hunter (l.) und Christine MacLean (r.) präparieren die Mauer der East Side Gallery für die Bemalung mit Kunstwerken. 1990.

177

→ Die Grenze verschwindet: Seinen letzten Morgen erlebt der Kontrollpunkt der West-
alliierten im Herzen Berlins, der als „Checkpoint Charlie" in die Geschichte einge-
gangen ist, am 22.6.1990. Zum Auftakt der Zwei-plus-Vier-Außenministergespräche wird
das Wachgebäude in Anwesenheit hoher Politprominenz demontiert.

Was bleibt? Erbe und Vermächtnis der Friedlichen Revolution in der DDR

von
TOM SELLO / Berliner Beauftragter zur Aufarbeitung der SED-Diktatur

Die Friedliche Revolution 1989 in der DDR kam so unerwartet wie kraftvoll. Im Frühjahr 1989 konnte ich mir nicht vorstellen, dass die SED-Diktatur buchstäblich binnen einiger Wochen wie ein Kartenhaus in sich zusammenfallen würde. Ich habe in der Ost-Berliner Oppositionsbewegung die Jahre zuvor sehr intensiv erlebt. 1987 und 1988 hatte der SED-Staat mehrfach versucht, die kleinen Oppositionsgruppen zu zerschlagen, vor allem die Umwelt-Bibliothek bei der Zionskirche in Berlin-Mitte, in der ich aktiv war, und die kirchenunabhängige Initiative Frieden und Menschenrechte, mit der wir eng zusammenarbeiteten. Im November 1987 ließ die SED durch Staatsanwaltschaft und Stasi erstmals wieder kirchliche Räume stürmen — wie in den 1950er-Jahren, als die SED einen regelrechten Kampf gegen die Kirchen führte. Sie verhafteten Mitglieder der Umwelt-Bibliothek und versuchten, unsere Gruppe zu sprengen. Und obwohl sich viele mit uns solidarisierten, duckte sich die große Mehrheit der Gesellschaft weiter weg oder unterstützte sogar aktiv das Regime. Das war nicht anders, als es wenige Wochen später am Rande der offiziellen Liebknecht-Luxemburg-Demonstration erneut zu Verhaftungen kam und anschließend einige Oppositionelle aus dem Gefängnis heraus unter Androhung hoher Haftstrafen in die Bundesrepublik gezwungen wurden. Selbst als wir im Mai 1989 erstmals nachweisen konnten, dass die SED die Scheinwahlen systematisch gefälscht hatte — was alle kritischen Menschen in der DDR ohnehin ahnten —, schlossen sich unseren Protesten nur wenige Menschen an. Die große Mehrheit, wir schätzten mehr als 80 Prozent, hatte den Kandidaten auf den Einheitslistenwahlzetteln zugestimmt. Nichts deutete darauf hin, dass in absehbarer Zeit mehr Menschen als bislang Mut finden

181

oder ihre Unterstützung für das System aufgeben würden, obwohl es unter der Oberfläche überall im Land brodelte, selbst in den Amtsstuben des Staates und unter Mitgliedern der SED.

Die tiefe Gesellschaftskrise war allerorten zu spüren. Viele Menschen stellten einen Ausreiseantrag. Als Ungarn begann, den Eisernen Vorhang an der Grenze zu Österreich abzubauen, setzte im Sommer 1989 eine Fluchtwelle Zehntausender Ostdeutscher ein. Ungarn gehörte zu den wenigen Ländern, in die Ostdeutsche bis dahin hatten reisen können. Die tiefe Krise in der DDR trat offen zutage. In der Folge entschieden sich ab September 1989 immer mehr Menschen für eine Mitarbeit in den neuen oppositionellen Bürgerbewegungen. Sie überwanden ihre Angst, engagierten sich für Reformen und trauten sich zunehmend auf die Straße, um für ihre Forderungen zu demonstrieren.

Niemand konnte sich vorstellen, dass es so schnell gehen würde. Als am 9. Oktober 1989 das Regime vor den 70.000 Demonstranten in Leipzig kapitulierte und nicht eingriff, waren wir unendlich erleichtert. Wir hatten befürchtete, die SED würde die chinesische Karte ziehen, wie die Pekinger Machthaber, die Hunderte Oppositionelle niedermetzeln ließen. An diesem Tag in Leipzig wich die Diktatur aber zurück, wagte es angesichts der Massen und der fehlenden Rückendeckung aus Moskau nicht, gewaltsam einzugreifen. Es war ein riesiger Erfolg. Am selben Abend wurde in Ost-Berlin die Belagerung der Gethsemanekirche aufgehoben. Die Hoffnung auf Reformen wuchs und die Forderungen wurden lauter, aber dass wir gewinnen könnten, war mir damals noch nicht klar — und ich kenne auch niemand, der das damals verkündet hätte.

Aber es war ein sichtbarer Teilsieg, denn die SED-Spitze tauschte ihre führenden Köpfe aus. Das Regime war angeschlagen. Wir hielten den Druck aufrecht und der Druck aus der Gesellschaft nahm zu, die Demonstrationen gegen die Diktatur wurden immer größer, bis am 9. November 1989 schließlich die Mauer fiel. Es war unfassbar, es war, wie alle damals allerorten ausriefen, „Wahnsinn". In den folgenden Monaten erwachte eine Gesellschaft in Ostdeutschland, die eine Kreativität, Lebensfreude, Kraft und Zuversicht ausstrahlte, wie ich es bisher für unmöglich gehalten hatte.

Die Friedliche Revolution stieß Veränderungen an, die sich die Opposition gar nicht zum Ziel gesetzt hatte. Uns ging es zunächst um grundlegende Menschenrechte, also um Presse-, Versammlungs-, Reise-, Vereinigungs-, Rede- und Meinungsfreiheit. Niemand sollte wegen seiner Herkunft, seines Aussehens, seiner Meinung Nachteile erdulden oder gar Verfolgungen ausgesetzt werden. Keiner, der das Land für immer verlassen wollte, sollte dafür schikaniert, eingesperrt oder gar erschossen werden. Es ging darum, dass einem niemand vorschreibt, wo man arbeitet, wo und wie man leben möchte. Kurz: Es ging um Freiheit. Deshalb war die Forderung in der Opposition nach freien Wahlen so zentral.

Und es ging um Umweltschutz. Wir nannten uns nicht zufällig Umwelt-Bibliothek, meinten damit die gesamte Umwelt des Menschen, also auch die Gesellschaft. In der DDR war die Natur durch eine verfehlte Industrie- und Agrarpolitik massiv bedroht. Zugleich galt der tatsächliche Zustand der Umwelt als Staatsgeheimnis, obwohl jeder sehen konnte, wie kaputt die Wälder, wie krank die Seen und Flüsse waren. Smog und Abgase verpesteten die Luft. Daher war die Umweltbewegung fester Bestandteil der DDR-Opposition und ihre Forderung nach der Bewahrung der Umwelt gehörte zu den Kernforderungen der Revolution. Das war übrigens der einzige Punkt, in dem fast alle Ostdeutschen 1989 übereinstimmten. Es war auch eine grüne Revolution.

Nachdem die Mauer durchbrochen war, kamen rasch viele andere Forderungen hinzu. Die meisten Menschen in der DDR wollten nun endlich so leben wie ihre Freunde, Bekannten, Verwandten in der Bundesrepublik. Auch die Vereinigung Deutschlands stand jetzt auf der politischen Agenda, und die D-Mark sollte schnell in der DDR eingeführt werden. Mich überraschte das, obwohl ich doch wusste, dass viele Menschen so leben wollten wie in der Bundesrepublik. Ich hatte geglaubt, zunächst müsste die DDR demokratisiert und dann in einem längeren Prozess über die Rolle Deutschlands in der politischen Neuordnung Europas verhandelt werden. Mir schien es undenkbar, dass die Sowjetunion ihre DDR einfach fallenlassen und somit die Nachkriegsordnung aufgeben würde. Die historischen Abläufe haben mich und manch andere eines Besseren belehrt. Darüber bin ich froh. Es gibt Irrtümer, die einen noch Jahrzehnte später erfreuen.

Aber die Einheit, und das ist mir wichtig, kam nach der Freiheit. Niemand hat uns diese Freiheit geschenkt. Wir haben sie unter großen Gefahren selbst erkämpft. Sie war die Vorbedingung, um die Einheit Deutschlands und Europas zu ermöglichen. Es war eine Freiheitsrevolution, die zur Einheit führte.

Ich sehe das Vermächtnis der Revolution darin, dass Freiheit und Demokratie Werte und Einstellungen sind, die es immer wieder zu verteidigen und neu zu erstreiten gilt. Sie sind nicht gottgegeben, sie werden nicht auf ewig von einem Staat garantiert, sondern sie müssen gelebt werden. Wir erleben gerade in unserer Gesellschaft, bei unseren europäischen Nachbarn und weltweit, wie leicht Menschen bereit sind, Freiheit für Heilsversprechen zu opfern, und wie schnell Demokratie zu erschüttern ist.

Meine Erfahrungen in der SED-Diktatur lehren mich, dass ohne Freiheit alles andere nicht nur bedroht, sondern sehr schnell nichts mehr wert ist. Die Demokratie ist stark genug, um aus sich selbst heraus verteidigt zu werden. Aber es ist zugleich unabdingbar, in der Öffentlichkeit, in der politischen Bildung, im Schulunterricht oder in der Wissenschaft zu zeigen, woher wir kommen, wie unser Weg in die Gegenwart aussah und vor allem wie menschenverachtend Diktaturen sind. Insofern stellt die Erinnerung an die Friedliche Revolution eine doppelte Herausforderung dar. Sie zeigt, was überwunden wurde und nie wieder in Deutschland Fuß fassen darf: eine Diktatur. Und sie symbolisiert die Kraft von Freiheit und Demokratie als zentrale Ziele der Revolution, aber auch die Kraft der Gesellschaft, für Freiheit und Demokratie einzutreten.

Die Erinnerung an die Friedliche Revolution in diesem Sinne warnt vor Diktaturen und feiert die Freiheit, die Demokratie und den Bürger. Sie feiert den Bürger, der eigenverantwortlich die gesellschaftlichen Verhältnisse mitgestaltet und dabei die Mitmenschen und die Natur nicht aus dem Blick verliert. Diese öffentliche Erinnerung darf nie ein Verfallsdatum haben, denn jede Gesellschaft bedarf auch einer historischen Selbstvergewisserung. Für uns gibt es in der deutschen Demokratie- und Freiheitsgeschichte nichts Eindrucksvolleres als die Friedliche Revolution von 1989.

Danksagung

7 Tage, 7 Orte: 7 Ausstellungen, 251 Veranstaltungen inklusive Bühnenshow und Filmprojekt, 1 eigene AR-App, 294 Stunden 3D-Projektionen und 30.000 Botschaftsbänder im Himmel über Berlin. Das ist „30 Jahre Friedliche Revolution — Mauerfall". Doch keine Zahlen ohne Menschen: Hinter diesem Projekt steht ein starkes Team bei Kulturprojekte Berlin, stehen Partner*innen, Unterstützer*innen und Künstler*innen und nicht zuletzt die vielen Besucher*innen. Allen Beteiligten gilt ein herzliches Dankeschön!

Open Air Ausstellungen

Die sieben Open-Air-Ausstellungen sind ein Projekt in Zusammenarbeit mit dem Berliner Beauftragten zur Aufarbeitung der SED-Diktatur, der Robert-Havemann-Gesellschaft und der Stiftung Berliner Mauer.

3D-Videoproduktion

Die 3D-Videoprojektionen wurden gemeinsam mit URBANSCREEN realisiert.

Virtuelle Welten

Die MauAR-App wurde von Peter Kolski/Beta Room entwickelt, die Sonderepisoden entstanden in Kooperation mit Kulturprojekte Berlin. Die Augmented-Reality-Stories wurden gemeinsam mit Facebook und ZDF Digital realisiert.

Veranstaltungsprogramm

Das Veranstaltungsprogramm wurde in Kooperation mit zahlreichen
Partner*innen zusammengestellt.

Kunstinstallation „Visions in Motion"

„Visions in Motion" ist eine Kunstinstallation des Künstlers Patrick Shearn
mit seinem Studio Poetic Kinetics, kuratiert von Kulturprojekte Berlin,
in Zusammenarbeit mit Nawrocki Alpin GmbH.

Bühnenshow am 9.11.

Die Bühnenshow ist eine crossmediale Inszenierung des Berliner Künstlernetz-
werks phase7 performing.arts unter der Regie von Sven Sören Beyer im Auftrag
von und in Zusammenarbeit mit Kulturprojekte Berlin sowie in Medienpartner-
schaft mit dem ZDF.

Filmprojekt „Aus Mut gemacht"

Das Projekt entstand in Kooperation mit der Senatsverwaltung für Bildung,
Jugend und Familie sowie ALEX Berlin. Umsetzung: KR.FILM.

187

Wir danken

unserem Beirat
Marianne Birthler, Frank Ebert, Prof. Dr. Klaus-Dietmar Henke, Dr. Anna Kaminsky, Burkhard Kieker, Prof. Axel Klausmeier, Shermin Langhoff, Uwe Neumarker, Patricia Schlesinger, Tom Sello, Dr. Christine Regus

---

der Senatsverwaltung für Kultur und Europa und der Senatskanzlei Berlin

---

unseren Hauptpartnern
dem Beauftragten zur Aufarbeitung der SED-Diktatur, der Stiftung Berliner Mauer, der Robert-Havemann-Gesellschaft

---

und unseren Partner*innen
Akademie der Künste, ALEX Berlin, ARCH+, ASK HELMUT, ASTAK e.V., Baltische Botschaften (Estland, Lettland, Litauen), Berliner Beauftragter zur Aufarbeitung der SED-Diktatur, Berliner Sparkasse, Berliner Wasserbetriebe, Bundeskanzler- Willy-Brandt-Stiftung, Bundesstiftung zur Aufarbeitung der SED-Diktatur, be.bra Verlag, BetaRoom, BVG, Bezirksamt Pankow, CIRC, debating europe, Der Bundesbeauftragte für die Stasi-Unterlagen (BStU), Ch. Links Verlag, Europäische Akademie, Evangelische Kirche Berlin-Brandenburg-schlesische Oberlausitz, Facebook, Heinrich Böll Stiftung, Henne Ordnung, H&M, Humboldt-Universität zu Berlin, Interfilm Berlin GmbH, IVV Veranstaltungsmanagement, Kooperative Berlin, KR.FILM GbR, Künstlerinitiative EAST SIDE GALLERY e.V., Landeszentrale für politische Bildung, Maxim Gorki Theater, Mit Vergnügen, Motor Entertainment, Museumsdienst Berlin, Nawrocki Alpin, Panzerkreuzer Rotkäppchen, Panasonic, phase7 perfroming.arts, PhotoWerkBerlin, Poetic Kinetics, Radix-Blatter — Glashaus e.V., Radeberger Gruppe, rbb, Robert-Havemann-Gesellschaft, Senatsverwaltung für Bildung, Jugend und Familie, Spector Books, Stiftung Berliner Mauer, STRÖER, Stromnetz Berlin, Three Space Lab, URBANSCREEN, visitBerlin, Von Vietinghoff Films GmbH, Wall GmbH, ZDF Digital, ZDF

Team

Gesamtprojekt „30 Jahre Friedliche Revolution — Mauerfall"

Projektentwicklung und Gesamtleitung: Moritz van Dülmen, Simone Leimbach
Gesamtkoordination: Antonia Sobik
Wissenschaftliches Team: Dr. Henning Wellmann mit Dr. Bjoern Weigel, Dr. Monika Schmidt, Caroline Sperl, Jakub Stanczyk
Organisation Festivalwoche: Holle Münster, Sylvia Hahn, Oskar Alpen, Cordula Bienstein, Adina Schröter, Carolin Kohl, Antje Materna, Anita Reichel mit Ulrike Loll, Adeline Vogelsang sowie Katharina Müller, Lisa Fisel, Helene Altenstein, Ludwig Schaible, Paolo Stolpmann
Produktion: Nicole Acksteiner, Nathalie Schmitz, Amelie Lill, Judith Müller, Caroline Lorenz
Technik: Reik Witzmann, Jan Wasserfuhr, Lars Mindach mit Maria Kusche, Sebastian Weinert, Friedrich Fahl, Alexander Höhn, Martin Heyer, Ludger Klaus
Kommunikation & Marketing: Sonja Erdenberger, Susanne Galle, Antje Schröder mit Vera Kohns, Hanna Gartenschläger, Charlotte Landwehr, Syri Lenssen, Clemens Poser, Annette Walter, Till Hurlin sowie Steinbrenner-Müller Kommunikation, Marie Kube, Sarah Lebkücher, Dr. Gabriele Miketta, Laura Wagener, Juliane Wiedemeier
Grafik & Gestaltung: Mimoza Lubeniqi, Studio von Fuchs und Lommatzsch, Ines Ebel mit Andrea Trumpf, Daniel Büche, Stefanie Gürgen, Helena von Köckritz, Martina Kogler, Fanny Laulaigne, Susanne Mair, Caroline Menges, Lena F. Naerger, Bianca Soff, Chris Zibell sowie Rüdiger Stern
Administration & Finanzen: Katrin Dohne, Isabell Duy, Cathrin Brinkmann, Uta Belitz sowie Dieter Stendell, Sylvia Thurau, Benjamin Zeiske
Projektmitarbeit: Eric Engelbracht, Damian Harrison, Charlotte Kuke, Louisa Niesen, Peter Schnappauf, Maurice Wilkerling sowie Mario Arnold, Andreas Fritzsche, Arne Glaß, Yvonne Herz, Heinz Knauf, Andreas Schulze, Norbert Strache, Werner Wandschneider

Abbildungsverzeichnis:

Cover+ S.2: © ullstein bild – ddrbildarchiv.de / Grahn /
S.10/11: Foto: Harald Hauswald © www.relivision.com /
S.12/13: Foto: Harf Zimmermann © Kulturprojekte Berlin /
S.15: Abb.1: Foto: Bernd Bohm © www.relivision.com,
Abb.2: Foto: Harald Hauswald © www.relivision.com /
S.16: Abb.1: © ullstein bild – Zöllner, Abb.2: Foto:
Robert Roeske © Bundesarchiv, Bild 183-1990-0924-010,
Abb.3: © Robert-Havemann-Gesellschaft, Abb.4: © ullstein
bild – Zöllner, Abb.5: Foto: Lehtikuva Oy © dpa –
Bildarchiv / **S.18/19:** Abb.1: Foto: Frank Ebert © Robert-
Havemann-Gesellschaft, Abb.2: Foto: Richard Succow
© picture alliance / **S.20/21:** Abb.1: © ullstein bild –
Jansson, Abb.2: © ullstein bild – AP, Abb.3: © ullstein
bild – AP / **S.23:** Abb.1: © ullstein bild – Poly-Press,
Abb.2: Foto: Heikki Saukkomaa © picture alliance,
Abb.3: © ullstein bild, Abb.4: © ullstein bild –
Klaus Mehner, Abb.5: © ullstein bild – Volker Döring
/ **S.24/25:** Abb.1: © ullstein bild – Franz Pankow,
Abb.2: Foto: Reinhard Kaufhold © dpa, Abb.3: © ullstein
bild – Wyludda / **S.27:** Abb.1: © Rigo Pohl, Abb.2: Foto:
Reinhard Kemmether © picture alliance, Abb.3: Foto:
Bernd von Jutrczenka © dpa / **S.28:** Foto: Rolf Walter
© Robert-Havemann-Gesellschaft / **S.31:** Foto: Lena Giovanazzi
© Kulturprojekte Berlin / **S.35:** © Ulrich Burchert /
S.36/37: Foto: Harf Zimmermann © Kulturprojekte Berlin /
S.39: Abb.1: Foto: ddrbildarchiv.de/Manfred Uhlenhut
© picture alliance/dpa-Zentralbild, Abb.2: Foto: Reinhard
Kaufhold © dpa – Report / **S.40/41:** Abb.1: Foto: Andreas
Kämper © Robert-Havemann-Gesellschaft/Andreas Kämper/
RHG_Fo_AnKae_222, Abb.2: Foto: Bernd Settnik © Bundes-
archiv, Bild 183-1989-1104-437, Abb.3: Foto: Peter Kroh
© dpa – Report / **S.42/43:** Abb.1: © Robert-Havemann-
Gesellschaft, Abb.2: © ullstein bild – ADN-Bildarchiv,
Abb.3: ©dpa – Report, Abb.4: Foto: Andreas Kämper
© Robert-Havemann-Gesellschaft/Andreas Kämper/RHG_Fo_
AnKae_321 / **S.44/45:** Abb.1: © ullstein bild – AP,
Abb.2: © ullstein bild – Klaus Mehner, Abb.3: © ullstein
bild – Klaus Mehner, **S.46:** Abb.1: Foto: Wolfgang Kumm
© picture alliance, Abb.2: Foto: Friedrich Gahlbeck
© Bundesarchiv, Bild 183-1990-0922-002, Abb.3: Foto:
Wolfgang Kumm © picture alliance, Abb.4: © BStU, MfS,
Ast. Chemnitz, Abt XX, Nr. 2733, Abb.5: Foto: Jürgen
Ludwig © Bundesarchiv, Bild 183-1989-1026-031 /
S.48/49: Abb.1: © ullstein bild – Christian Günther,
Abb.2: Foto: Lehtikuva Oy © dpa – Bildarchi, Abb.3:
Foto: Aram Radomski © Robert-Havemann-Gesellschaft/Aram
Radomski/RHG_Fo_HAB_21002 / **S.50/51:** Abb.1: Foto: Charlie
Cole © picture alliance/KEYSTONE, Abb.2: Foto: ADN
Zentralbild © picture alliance, Abb.3: © ullstein bild
– Zentralbild / Reinhard Kaufhold / **S.52/53:** Abb.1:
© ullstein bild – ddrbildarchiv.de / Schönfeld,
Abb.2: Foto: Votava © dpa – Bildarchiv, Abb.3: © ullstein
bild – Wolfgang Wiese / **S.54/55:** Abb.1: © ullstein bild
– Klaus Mehner, Abb.2+3: © Robert-Havemann-Gesellschaft /
S.56/57: Abb.1: © ullstein bild – Werk, Abb.2: © ullstein
bild – Zentralbild / Eberhard Klöppel, Abb.3: Foto:
BERNHARD J. HOLZNER © picture alliance / AP Photo, Abb.4:
© ullstein bild – PAI-Foto.pl, Abb.5: Foto: Votava © dpa
– Bildarchiv / **S.59:** Abb.1: Foto: Bernd von Jutrczenka
© dpa, Abb.2: Foto: Paul Glaser © picture alliance/
dpa-Zentralbild / **S.60:** Foto: Lena Giovanazzi © Kultur-
projekte Berlin / **S.63:** Foto: © Privatbesitz / **S.64/65:**
Foto: Harf Zimmermann © Kulturprojekte Berlin /
S.67: Abb.1: © Bundesarchiv, B 145 Bild-P061246, Abb.2:

Foto: akg-images © picture alliance / akg / **S.68/69:**
Abb.1: © ullstein bild – Röhrbein, Abb.2: Foto:
Thomas Lehmann. © Bundesarchiv, Bild 183-1989-1109-030,
Abb.3: © ullstein bild / **S.70/71:** Abb.1: Foto: Kroh Peter
© Berlin Picture Gate, Abb.2: Foto: ddrbildarchiv.de ©
dpa, Abb.3: © ullstein bild – Wernicke, Abb.4: © ullstein
bild – Klaus Mehner, Abb.5: Foto: Michael-Reiner Ernst
© Stiftung Berliner Mauer / **S.72/73:** Abb.1: © BStU,
Abb.2: Foto: ADN Zentralbild © dpa – Report / **S.75:** Abb.1:
© ullstein bild - Herbert Maschke, Abb.2: © picture
alliance / akg, Abb.3: Foto: Wolfgang Kluge © ZB –
Fotoreport, Abb.4: © dpa – Bildarchiv, Abb.5: Foto: Dusan
Vranio © picture alliance/AP Images / **S.76/77:** Abb.1:
© dpa – Bildarchiv, Abb.2: © ullstein bild – CTK, Abb.3:
© ullstein bild – ddrbildarchiv.de / **S.78/79:** Abb.1:
Foto: Paul Glaser © picture alliance/Paul Glaser/dpa-
Zentralbild/ZB, Abb.2: © dpa – Fotoreport, Abb.3:
© ullstein bild – Bonn-Sequenz / **S.80/81:** Abb.1: Foto:
Karlheinz Schindler © dpa, Abb.2: © ullstein bild – ddp,
Abb.3: © ullstein bild – CARO / Andreas Bastian /
S.82: Foto: Zettler © picture alliance/dpa / **S.86:** Foto:
Lena Giovanazzi © Kulturprojekte Berlin / **S.89:** © Archiv-
BundesstiftungAufarbeitung_Fotobestand_KlausMehner_
Bild-76_1124_WIF_Medien_7 / **S.90/91:** Foto: Harf Zimmermann
© Kulturprojekte Berlin / **S.93:** Abb.1: Foto: Klaus Lehnartz
© Bundesregierung, B 145 Bild-00059615, Abb.2: Foto:
Eberhard Klöppel © dpa – Report / **S.94/95:** Abb.1: Foto:
Paul Glaser © picture alliance/dpa-Zentralbild, Abb.2:
Foto: dpa © dpa – Bildarchiv, Abb.3: Foto: ddrbildarchiv.de
/ Klaus Morgenstern © dpa – picture-alliance /
akg-images / **S.97:** Abb.1: Fotos: Wolfgang Kumm/dpa © dpa,
Abb.2: Fotos: Wolfgang Kumm/dpa © dpa, Abb.3: Fotos:
Gerhard Kerschke/Lukas Schulze ©dpa / **S.98/99:** Abb.1:
© ullstein bild – Sven Simon, Abb.2: © ullstein bild –
Dieter Otto, Abb.3: © ullstein bild – ullstein bild,
Abb.4: © ullstein bild – Succo, Abb.5: Foto: UPI © dpa
– Bildarchiv / **S.100:** Abb.1: © ullstein bild – Klaus
Mehner, Abb.2: Foto: Klaus Winkler © picture alliance/
dpa-Zentralbild, Abb.3: © ullstein bild – imageBROKER/
Norbert Michalke, Abb.4: Foto: afp © dpa – Report, Abb.5:
© ullstein bild – Günter Peters / **S.102/103:** Abb.1: Foto:
Paul Glaser. © picture alliance/ZB, Abb.2: Foto: Paul
Glaser. © picture alliance/ZB, Abb.3: © ullstein bild
– imageBROKER / Jochen Tack / **S.105:** Abb.1: © ullstein
bild – Hans-Jörg Schütt, Abb.2: © ullstein bild – Uhrig,
Abb.3: Foto: Karl-Heinz Schindler © Bundesarchiv, Bild
183-1990-1207-301, Abb.4: Foto: Wolfgang Weihs © picture
alliance, Abb.5: Foto: Paul Glaser ©picture alliance/
dpa-Zentralbild / **S.106:** Foto: Lena Giovanazzi © Kultur-
projekte Berlin / **S.109:** © Privatbesitz Mark König /
S.110/111: Foto: Harf Zimmermann © Kulturprojekte Berlin
/ **S.113:** Abb.1: Foto: Thomas Uhlemann © dpa – Report,
Abb.2: Foto: Hanns-Peter Lochmann © Bundesarchiv, Bild
183-1990-0904-021, Abb.3: © ullstein bild – Spiegl /
S.114: Abb.1: Foto: Rolf Walter © Robert-Havemann-Gesell-
schaft/Rolf Walter/RHG_Fo_RDA_02498, Abb.2: Foto: Rolf
Zöllner © Robert-Havemann-Gesellschaft/Rolf Zöllner,
Abb.3: Foto: Thomas Uhlemann © dpa – Report, Abb.4: Foto:
Peer Grimm © Bundesarchiv, Bild 183-1990-0126-023, Abb.5:
Foto: Klaus Franke © Bundesarchiv, Bild 183-1990-0209-304
/ **S.117:** Abb.1: © picture-alliance/ZB, Abb.2: Foto: Ulrich
Häßler. © Bundesarchiv, Bild 183-1990-0311-022, Abb.3:
Foto: Klaus Oberst. © Bundesarchiv, Bild 183-1990-0329-
028 / **S.118/119:** Abb.1: Foto: Peter Zimmermann © dpa –

Impressum:

Eine Publikation der Kulturprojekte Berlin GmbH
zu „30 Jahre Friedliche Revolution — Mauerfall"
unter Verwendung der Texte und Ideen der Open-Air-Ausstellung.
Wissenschaftliche Leitung: Henning Wellmann

Herausgeber: Moritz van Dülmen, Bjoern Weigel
Projektleitung: Till Hurlin
Texte: Anna von Arnim-Rosenthal, Jana Birthelmer, Marcus Böick,
Frank Ebert, Rainer Eckert, Ronny Heidenreich, Ilko-Sascha Kowalczuk,
Anita Krätzner-Ebert, Konstantin Neumann, Roland Jahn, Lukas Lüder,
Patrice G. Poutrus, Gerhard Sälter, Monika Schmidt, Christoph Schulze,
Tom Sello, Caroline Sperl, Rebekka Straub, Volker Weichsel, Bjoern Weigel,
Henning Wellmann
Bildauswahl und -redaktion: Henning Wellmann
Zeitzeug*innenberichte: Gabriele Miketta, Monika Schmidt
Wir danken den Zeitzeug*innen Bernd Albani, Alexander Arnold,
Alexander Dohnke, Frank Ebert, Désirée Eiben, Elke, Olaf Freese,
Daniel Fröhlich, Kathrin G., Elke Günther, Margaret Hunter,
Lutz Jeske, Annedore Kanthak, Sanem Kleff, Katrin Klocke, Mark König,
Christoph Links, Christine MacLean, Kathrin Mahler Walther,
Georg Mascolo, Augusto Jone Munjunga, Günter Nossol, Ulrike Poppe,
Eva Reich, Jens Reich, Stefan Schubert, Ulrich Schwarz, Stefan Trobisch-
Lütge, Matthias Voigt, Evelyn Zupke
Mitarbeit: Juliane Albrecht, Nadja Mahler, Annette Meier
Art Direction: Julia Fuchs, Mimoza Lubeniqi
Gestaltung: Studio von Fuchs und Lommatzsch
Druck: Grafisches Centrum Cuno, Calbe

ISBN: 978-3-940231-16-1